이상한 나라의 이상한 생각들

우리 사회를 지배하는 18가지 통념

이상한 나라의 이상한 생각들

오승현 지음

이상한 나라에서 생각한다는 것

당연의 세계는 왜, 거기에,
당연히 있어야 할 곳에 있는 것처럼,
왜, 맨날, 당연히 거기에 있는 것일까,
당연의 세계는 거기에 너무도 당연히 있어서
그 두꺼운 껍질을 벗겨보지도 못하고
당연히 거기에 존재하고 있다
— 김승희, 「세상에서 가장 무거운 싸움 2」에서

1

"왜 계속 이 나무 아래인 거죠? 내가 살던 곳에서는 이렇게 오랫동안
빠르게 달리면 다른 곳에 도착하는데 말이에요."

"여기선 있는 힘껏 달려야 지금 그 자리에라도 계속 있을 수 있단다.
다른 곳에 가고 싶으면 아까보다 최소한 두 배는 더 빨리 달려야 해."

루이스 캐럴의 『이상한 나라의 앨리스』에서 앨리스와 붉은 여왕이
나누는 대화다. 모두가 달리고 있는 붉은 여왕의 나라는 마치 거대한

러닝머신과 같다. 조금만 게으름을 부리거나 잠시라도 쉬었다가는 금세 뒤처지고 만다. 그래서 모두들 정신없이 바쁘게 뛰어다닌다. 이상한 나라로 앨리스를 안내한 토끼처럼 말이다. 토끼는 연신 회중시계를 확인하며 "늦었다, 늦었다!"를 되뇐다.

『이상한 나라의 앨리스』에 나오는 '이상한 나라'는 오늘날 우리에게 어쩐지 낯설지 않다. 조금이라도 더 잘살려고 죽어라 달리는 대한민국의 현실이 자연스레 포개지기 때문이다. 러닝머신 같은 삶에서 밀려나지 않기 위해, 떨어져 나가지 않기 위해 앞만 보며 죽어라 달린다. 심지어 많은 이들이 '잘살기' 위해서가 아니라 오로지 '살기' 위해서 달린다. 그렇게 쉬지 않고 달리건만, 삶은 늘 제자리다. 러닝머신에는 결승선도 없다. 도달할 목적지 자체가 없는 세상에서 우리는 무엇을 위해 이렇게 달리고 또 달리는 것일까. 대체 이 이상한 나라는 누가 만든 것일까. 우리는 이 나라에서 어떻게 살아야 할까?

지금까지 이 나라에서는 '성장 없이는 분배도 없다.'고 가르쳤다. 파이를 나눠 먹으려면 파이부터 키워야 한다고 한목소리로 외쳤다. 그래서 너 나 할 것 없이 파이를 키우는 데에 전력을 다했다. 그런데 파이가 커지자 거짓말 같은 일이 벌어졌다. 정작 파이를 만든 사람들 손에는 부스러기만 남고, 커진 파이는 누군가의 식탁 위로 이동한 것이다. 그 뒤로도 마술 같은 일은 되풀이되고 있다.

이렇게 눈앞에서 파이가 자꾸만 사라지는데도, 사람들은 또 다시 파이를 만든다. 그저 파이를 키워야 한다는 생각의 관성이 계속해서 파이를 만들도록 부추긴다. 이상한 나라를 이상한 나라인 채로 계속 굴려 가는 동력은 이상한 나라에 아무런 의문을 품지 않는 '이상한 생각'이다. 이러한 이상한 생각은 정말 이상한 일에 대해 문제의식을 느끼지 못하게 한다. 내 몫의 파이가 돌아오지 않는 것을 이상하다고 느끼지 못하게 하는 것이다.

이상한 생각은 이상한 왕국을 굳건히 유지하는 신앙이다. 이상한 생각은 우리 마음속 '붉은 여왕'이다. 이상한 생각을 가진 사람이 한둘이라면 손가락질 받는 것으로 끝나겠지만, 그 생각이 널리 퍼져 굳어져 버리면 상황이 달라진다. 모두가 이상한 생각에 물들어 있을 때, 이상한 생각은 보편이 된다. 상식이 된다. 통념이 된다.

상식 혹은 통념이란 동시대 사람들이 가지고 있는 평균적인 지식이나 생각을 뜻한다. 상식은 생존에 유리하다. 일상의 자질구레한 판단을 신속히 처리하는 데 상식의 역할은 크다. 하지만 상식은 일정한 유통 기한을 갖는다. 조선 시대에는 삼종지도三從之道(여자가 따라야 할 세 가지 도리. 어려서는 아버지를, 결혼해서는 남편을, 남편이 죽으면 아들을 따라야 한다)가 누구나 고개를 끄덕이는 상식이었지만, 지금은 누구도 따르지 않는 구시대 유물이 되어 버렸다. 상식은 자신이 속한 사회를 이해하도록 돕기도 하지만 동시에 그 사회를 제대로 바라보고 판단하는 것을 방해하기도 한다.

통념은 외부로부터 내 머릿속에 들어와 마치 원래부터 그 자리에 있었던 듯이 태연하게 들러붙은 생각의 찌꺼기다. 우리는 자신의 생각이 오롯이 자기 안에서 생겨났다고 믿지만, 사실은 대부분이 스스로 만들어 낸 게 아니다. 그것은 부모의 가치관이나 습관이 주입된 것일 수도 있고, 언론이 만들어 낸 이미지일 수도 있으며, SNS에 올라온 누군가의 생각일 수도 있다. 내 머릿속에 담겨 있다고 해서 다 내 것이 아니라는 얘기다. 우리는 다수가 좇는 생각을 '내 생각'이라고 믿으며, 그것을 평생 머릿속에 담고 살아간다. 더 끔찍한 점은 그 생각에 기대어 판단하고 선택하고 나아가 행동한다는 것이다.

"어떤 바보 같은 소리를 5천만 명이 한다고 해도 그것은 여전히 5천만 번의 바보 같은 소리일 뿐이다." 에밀 졸라는 이렇게 말했다.

많은 사람이 따르는 생각일수록 '왜 많은 사람이 그런 생각을 하는지' 냉정하게 따져 보아야 한다. 5천만 명의 생각을 관습적으로 따를 것인가, 그 생각을 내 머리로 새롭게 따지고 다시 검토해 볼 것인가는 오로지 내 선택이다.

2

권력자가 가장 무서워하는 것이 무엇일까? '생각하는 사람'이다.

누가 생각하는 사람인가. 의심하는 사람이다.

권력자가 가장 경계하는 집단이 바로 이 의심하는 무리다. 의심은 권력이 사회에 뿌리를 내리지 못하도록 끊임없이 땅을 갈아엎는다. 지금이라면 씨도 먹히지 않을 '삼종지도'는 어떻게 조선의 상식이 될 수 있었을까. 그 사회의 구성원들이 그것이 마땅히 지켜야 할 도리이며 윤리라고 믿어 의심치 않았기 때문이다. 많은 이들이 '당연하다'고 믿고 따르는 것은 그 사회의 보편 가치가 된다. 그 가치에 균열이 생겼다는 것은, 누군가가 그것에 '의심'을 품기 시작했다는 뜻이다. 삼종지도와 같은 이상한 생각이 한 사회의 보편 가치로 자리매김할 수 있었던 까닭이 아무도 의심하지 않았기 때문이라면, 반대로 삼종지도가 우리 사회에서 완전히 폐기된 까닭은 누구나 의심하게 되었기 때문일 것이다.

그런데 지금 이 시대엔 또 다른 삼종지도들이 판치고 있는 것이 아닐까. 우리는 삼종지도라는 옛 시대의 관습을 황당하고 우스꽝스럽다고 여기지만, 그러한 통념은 오늘날에도 여전히 존재한다.

많이 벌면 행복해질 거라는 생각, 나는 노동자가 아니라는 생각, 능력은 노력으로 만들어진다는 생각, 물질에 대한 욕망은 끝이 없다는 생각, 시장 경제 말곤 답이 없다는 생각, 우리는 영원히 복지국가가 될 수 없을 거라는 생각, 정치는 우리 삶의 질과 상관없다는 생각……. 가만히 잘 들여다보자. 이러한 생각들은 당연한가? 이러한 생각이 상식과 통념이 된 사회는 지금 어떤 모습인가? 이러한 생각들이 우리 삶과 우리 사회를 결코 행복하게도 풍요롭게도 만들어 주지 못했음을 누구나 알 수 있다. 그렇다면, 다시 생각해 봐야 한다. 뒤집어 생각해 봐야 한다.

적게 벌어도 행복해질 수 있다는 생각, 우리 모두가 노동자라는 생각, 능력은 노력만으로 만들어지지 않는다는 생각, 정치야말로 우리 삶의 질과 밀접하게 연관되어 있다는 생각으로 말이다. 이 책에서는 우리의 사고를 마비시키고 우리 사회를 지배하는 18가지 통념들을 추려 이것들이 현실과 얼마나 동떨어져 있는지 객관적 데이터와 자료들을 근거로 추적했다. 한편, 통념을 거꾸로 생각했을 때 우리 사회에 어떤 가능성이 열리는지도 함께 탐색해 보고자 했다.

이 여정을 청소년과 함께 하려는 까닭은 '통념의 아첨꾼'으로 전락한 기성세대와 달리, 십대들은 의심할 줄 알고 의심한 것을 표현할 줄 아는 세대라는 믿음이 있기 때문이다. 획일적인 제도 교육 안에서, 살벌한 경쟁 구도 속에서 모두가 바보가 되어 버린 것은 아니다. 이 사회의 '이상한 점'을 기민하게 알아채고 촛불을, 피켓을 들고 광장으로 걸어나오는 십대 소년 소녀들을 우리는 오늘도 어렵지 않게 발견할 수 있다. 생각해 보면, 역사의 물줄기를 바꾸는 선봉에는 언제나 십대들이 있었다. 1929년 광주학생운동이 그랬고, 1960년 4·19혁명이 그랬다.

십대들과 이상한 나라의 이상한 생각을 하나하나 파헤쳐 보는 일은 고단하지만 동시에 무척 설레는 일이다. 이상한 나라에서도 제정신을 잃지 않고, 자기 머리로 생각하는 십대들이 많아진다면 우리 사회의 미래가 암울하지만은 않을 것이다. 이 책이 십대들의 생각을 깨는 작은 도끼, 이상한 세계에 가느다란 균열이라도 내는 작은 망치가 될 수 있기를 바란다.

오승현

| 차례 |

01

호주머니가
두둑하면 행복해질
거라는 **생각**

벌면 벌수록 호주머니가 비는 이상한 역설

　흔히들 더 많은 돈을 벌면 더 행복해질 거라고 생각하지. 정말 수입이 늘어나면 행복도 커질까? 국민소득 1만 5000달러까지는 그렇다고 해. 하지만 그 이상으로 수입이 늘어나면 행복은 경제력과 별 상관이 없다고 하지. 게다가 사회 복지를 연구하는 학자들에 따르면, 가난한 사람보다 1000배나 돈이 많은 사람도 행복감은 겨우 10%쯤 높을 뿐이라고 해.

　행복하려면 어느 정도의 물질적 풍요가 필요하다는 사실을 부정하기는 어려워. 고소득 가구는 저소득 가구에 비해 행복할 가능성이 더 크지. 물론 꼭 행복한 건 아니고 그럴 가능성이 높다는 거야. 그러나 빈곤층에서 벗어나 중산층에 편입된 다음에는, 소득이 늘어난다고 해서 반드시 전보다 더 행복해지는 건 아니야. 영국의 경제학자 리처드 라야드Richard Layard는 국가의 행복지수가 1인당 소득이 1만 5000달러에 도달할 때 멈춘다는 사실을 밝혀냈어.

　라야드의 연구 결과에 대해서는 두 가지 해석이 가능해. 첫 번째는 소득이 높아질수록 기대치도 높아진다는 거야. 가령 작년에 비해 소득이 늘어났다고 하면, 작년의 사치품이 어느새 필수품으로 돌변하지. 올챙이 적 생각을 못하고 씀씀이가 커지는 거야. 여러 연구에서 소득 증가의 반 가까이, 혹은 그 이상이 이러한 기대치 상승으로 없어진다는 사실이 밝혀졌어. 그러니까 많이 벌어도 번 만큼 체감을 못 하는 거지.

'일정한 소득 수준을 넘어서면 소득 증가는 행복 증대로 이어지지 않는다.' 이를 흔히 이스털린의 역설이라고 해. 미국의 경제학자 리처드 이스털린이 1974년에 처음으로 주장했지. 이스털린의 역설은 수십 년 동안 많은 경제학자들 사이에서 논란이 되어 왔어. 반박과 재반박이 이어지다, 2010년 드디어 이스털린은 논란에 종지부를 찍게 되지. 사상 최대 규모의 데이터를 가지고 GDP와 소득 사이의 관계를 밝혀낸 거야. 37개 나라의 34년 동안의 데이터를 분석했지. 결론은 GDP가 증가한다고 해서 그 나라의 행복도가 올라가지 않는다는 거였어.

두 번째는 사회적인 비교야. 타인과의 비교를 통해 자신을 평가하는 경향이 강할수록 소득이 증가해도 행복을 느끼지 못할 가능성이 크지. 이른바 트레드밀 treadmill 효과야. 트레드밀은 러닝머신을 뜻하지. 어떤 사람이 열심히 일해서 소득이 올라가도 다른 이들의 소득도 같이 올라간다면, 그 사람의 위치가 좀처럼 앞서 나가기 어렵겠지. 마치 러닝머신 위를 열심히 달리는 것과 같은 거야. 경제 용어로는 '붉은 여왕 효과'라고 하지.『이상한 나라의 앨리스』에 나오는 붉은 여왕의 나라에서는 주변의 모든 것이 계속 앞으로 움직이기 때문에 열심히 뛰어도 늘 제자리에 있게 되잖아. 철학자 존 스튜어트 밀은 이렇게 말했지. "인간은 부자가 되기를 바라지 않는다. 다만 남들보다 잘살기를 바랄 뿐이다."

· 행복을 좇다 행복을 잃다

너희는 갑자기 큰돈이 생기면 가장 먼저 뭘 하고 싶어? 어른들은 대개 차나 집을 바꾼다고 말해. 자동차는 소비와 행복의 관계를 상징적으로 보여 주지. 자동차는 여러모로 편리한 도구야. 그런데 자동차로 인해 우리의 삶은 보다 여유로워졌을까? 레스터 브라운의 『지구 환경 보고서』에 따르면, 오늘날 런던 시내를 달리는 자동차의 속도는 100년 전 런던을 누비던 마차의 속도와 거의 차이가 없어.

이반 일리치의 『행복은 자전거를 타고 온다』는 더 충격적인 이야기를 들려주지. 미국 남성은 자신의 차를 위해 연간 1600시간을 소비해. 여기에는 주행 시간뿐만 아니라 자동차 구입비와 유지비(휘발유, 보험, 세금, 벌금 등)를 벌기 위한 시간까지 포함되지. 이렇게 1600시간을 투자해 미국인이 달리는 거리는 고작 7500마일이야. 속도로 환산하면 시속 4.6마일, 즉 시속 7km야. 인간이 걷는 속도가 시속 4km 내외라고 하지. 즉 걷는 것보다 약간 더 빠른 셈이야.

여기에 자동차를 수리하는 시간, 교통사고로 병원이나 경찰서에서 보내는 시간, 자동차를 사려고 광고나 브로슈어를 보는 시간 등을 더하면 속도는 더욱 느려져. 자동차는 시간의 절약과 낭비를 동시에 수반하지. 자동차만 그런 것도 아니야. 대부분의 문명의 이기利器가 시간을 절약시켜 주는 동시에 빼앗아 가지. 가령 컴퓨터는 업무 효율을 높여 주지만, 동시에 더 많은 업무 부담을 안겨 주지.

우리 조상이 이동에 사용한 시간은 하루 활동 시간의 5% 정도야. 반면 현대인은 하루 활동 시간 중 22%를 사용하지. 출퇴근 시간을 생각해 봐. 오늘날 우리는 출퇴근에 하루 2~3시간을 예사로 쓰지. 옛날에는 일터와 집터가 멀지 않아 오래 이동할 필요가 없었어. 어떻게 보면 우리는 중요하지 않은 것을 추구하다 진짜 중요한 것을 잃고 있는지

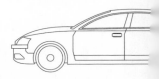

미국 남성이
자신의 차를 위해 소비하는 시간
연간 1600시간

시속 4.6마일(시속 7km)

연간 이동 거리
7500마일

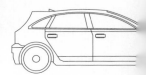

몰라.

독일 작가 하인리히 뵐Heinrich Boll은 우리에게 이런 이야기를 들려주지. 한 늙은 어부가 따스한 햇볕을 쬐며 한가롭게 낮잠을 자고 있었어. 지나가던 관광객이 어부를 깨웠지. 해가 중천에 떠 있는데도 낮잠만 자는 어부가 안타까웠던 거야.

"할아버지, 고기잡이 안 나가세요?"

할아버지는 슬며시 눈을 뜨며 말했어.

"새벽에 이미 갔다 왔지."

"낮에 한 번 더 다녀오셔도 되겠네요."

"그렇게 고기를 많이 잡아 뭐해?"

"그럼 저 낡은 고깃배를 새 배로 바꿀 수 있잖아요."

"새 배로 바꿔서 뭐하게?"

"더 많은 물고기를 잡지요."

어부는 도통 모르겠다는 표정을 지었지.

"그래서?"

"돈을 많이 벌어 여러 척의 배를 사고 사람도 고용할 수 있지요."

"그렇게 많이 벌어서 뭐하려고?"

"냉동 창고도 짓고 생선 가공 공장도 세워서 더 큰돈을 벌 수 있지요."

"그러고 나면 뭘 하지?"

"아, 그렇게만 되면 할아버지는 더 이상 일하지 않아도 되죠. 햇살 아래서 편안하게 낮잠을 잘 수 있지요. 저 멋진 바다를 즐기면서."

"지금 내가 그렇게 살고 있다네."

우리는 행복하려고 돈을 번다면서, 어느 순간 돈을 위해 행복을 포기하고 있지. 미하엘 엔데Michael Ende의 『모모』에 나오는 사람들처럼 말이야. 『모모』의 부제는 '시간을 훔치는 도둑과, 그 도둑이 훔쳐 간 시간을 찾아 주는 한 소녀에 대한 이상한 이야기'야. 소설 속 마을 사람들은 더 부유하게 살려고 회색 신사들에게 자신의 시간을 팔지. 하지만 경제적으로 풍족해지는 만큼 시간은 점점 줄어들어. 바로 풍요의 역설이야. 더 잘살게 됐는데, 생활은 더욱 바빠지고 삶은 더 각박해지지.

"100년 뒤에는 지금보다 8배 이상 잘살게 될 것이다. 사람들은 1주일에 15시간만 일하면 된다. 모든 것이 풍요롭기에 돈에 욕심을 부리는 자들은 비난받을 것이다."

1930년 영국의 경제학자 케인스John Maynard Keynes가 예상한 미래의 모습이야. 그의 예언대로 경제는 성장했지만, 노동 시간은 줄지 않았지.

미하엘 엔데는 이런 말도 했어.

"나누지 않으면 나를 망하게 하는 재산이 두 가지 있다. 그것은 바로 행복과 시간이다."

돈을 벌기 바빠 정작 소중한 이들과 소중한 시간을 함께하지 못한다면, 그것은 결국 자신을 망치는 일이라는 거야.

우리는 돈을 벌어 잘살겠다고 말하지만, 생각해 보면 돈 버느라 잘

살지 못할 때가 많아. 돈을 벌기 위해 아등바등 바쁘게만 사는 건 아닌지 돌아봐야겠어. 돈을 벌려고 시간을 쓸 수는 있지만, 돈으로 시간을 살 수는 없는 법이지. 소중한 이들을 살피며 더 밀도 있게 시간을 쓸 필요가 있어.

"남보다 느리게 걷기에 더 많이 볼 수 있었다."

소아마비 때문에 평생 목발을 짚고 살았던 수필가 장영희가 남긴 말이야.

02

개천에서도
용 난다는 생각

부와 계급은 어떻게 대물림되는가

과거 신분제 사회와 현대 사회의 차이가 뭘까? 자유, 인권, 경제적 풍요 등 여러 가지 차이가 있을 거야. 신분제에 한정하자면 자유로운 신분의 이동이겠지. 현대 사회에는 공식적으로 신분은 존재하지 않으니까. 하지만 신분에 버금가는 여러 차이가 존재하지. 빈부, 계층, 지위 등등에서 말이야.

신분제의 신분과 빈부, 지위, 계급 등은 어떻게 다를까? 가장 중요한 차이는 이동 여부일 거야. 옛날에는 신분의 이동이 불가능했잖아. 혁명을 일으켜 왕이 되거나 하지 않는 이상 말이야. 오늘날은 그렇지 않지. 옛날에는 태어날 때 주어진 신분대로 살아야 했지만, 오늘날에는 주어진 대로 살지 않을 수 있어. 개인의 노력과 능력에 따라 계층이나 지위가 상승할 수 있다고들 생각하잖아. 다시 말해 선천적인 조건보다 후천적인 노력이 훨씬 중요해진 거야. 그런데 과연 정말 그럴까?

현대 사회가 전근대의 신분제 사회와 다른 것 같지만, 여전히 거스를 수 없는 신분의 벽이 존재하지. 오늘날 신분 상승의 가능성은 열려 있지만, 그 문이 활짝 열려 있는 건 아니야. 자, 뒤의 표를 볼까. 2012년도 자료야. 왼쪽의 사회 경제적 분위는 모든 가구를 소득의 크기에 따라 줄 세운 다음 10등급으로 나눈 거야. 1분위가 제일 가난하고, 10분위가 제일 부유하지. 어때? 우리가 경험적으로 알던 사실이 객관적으로 확인되지? 2011년 기준으로 월 소득 100원 미만 소득 가정의 1인당 사

부모의 사회·경제적 지위에 따른 자녀 대학 진학률

사회 경제적 분위	수능 등급	4년제 대학(%) 진학률	30위권 대학(%) 진학률	9위권 대학 및 의대(%) 진학률
1분위	5.6	33.8	2.3	0.8
2분위	5.4	45.7	6.3	0.0
3분위	5.6	34.2	3.8	2.5
4분위	5.7	49.3	6.7	0.7
5분위	5.8	52.2	5.9	0.0
6분위	5.5	61.3	10.2	0.7
7분위	5.2	74.3	14.9	5.0
8분위	4.9	64.7	13.4	2.5
9분위	4.8	75.8	14.8	6.3
10분위	4.3	74.5	23.4	13.8

2004년 전국 중학교 3학년 학생 1731명의 2008학년도 대학 진학 성과 추적 조사 결과
자료 : 한국개발연구원(KDI)

교육비 지출은 6만 8000원이었어. 반면에 700만 원 이상 소득 가정의
1인당 사교육비 지출은 44만원이었지. 무려 6.5배의 차이야.

그 결과, 1분위에서 10분위로 갈수록 수능 등급도 점점 올라가지.
물론 부분적으로 약간씩 안 맞는 부분도 있어. 전체적인 경향을 확인
하자고. 4년제 대학 진학률, 30위권 대학 진학률, 9위권 대학 및 의대
진학률도 10분위에서 가장 높지. 특히나 30위권 대학 진학률이나 9위
권 대학 및 의대 진학률은 10분위가 다른 분위에 비해 월등히 높지.

그런데 이상한 점이 하나 있어. 9위권 대학 및 의대 진학률을 보면 2분위나 5분위가 0%인데, 1분위가 0.8%라는 점이야. 흔히 말하는 '개천에서 난 용'일까? 그렇지 않지. 이젠 개천에서 용이 나는 일은 거의 없어. 우선, 9위권 대학 및 의대는 정원이 적기 때문에 1~2% 차이는 별 의미가 없다고 봐야 해. 사실 10분위와 9분위, 7분위를 제외하면 대체로 1% 미만에 불과하잖아.

그럼에도 1분위가 0.8%로 2분위나 5분위보다 높은 이유를 파고든다면, 그건 아마도 사회 배려자 전형이나 지역 균형 선발 덕분일 거야. 사회 배려자 전형이란 가정 형편이 아주 어렵거나 특별한 환경(국가 유공자와 같은)에 처한 학생들을 배려한 전형이지. 지역 균형 선발은 서울대나 고려대가 실시하는 선발 방식이야. 합격자가 전국에서 고르게 나올 수 있도록 지역을 안배하는 방식이지. 덕분에 교육 환경이 열악한 지방이나 농촌 지역에서도 서울대 합격자가 나올 수 있게 됐지. 만약 그런 전형 없이 똑같이 수능 성적이나 내신, 논술 등으로만 학생을 뽑았다면 1분위 역시 0.8%가 아니라 0%가 되었을지도 몰라.

· 부모가 자녀의 미래다

어때? 이래도 우리가 하는 경쟁이 공정한 경쟁인 거 같아? 어떤 나라에서 태어나느냐에 따라 그 사람의 삶이 달라지듯, 어떤 부모 아래에서 태어나느냐에 따라 그 사람의 인생의 행로와 결이 달라지는 거야.

다들 경험상으로 잘 아는 얘기잖아. 잘난 부모 만나서 풍족한 환경에서 자란 아이들이 그렇지 않은 아이들보다 공부도 더 잘하고 성인이 되었을 때도 경제적으로 더 잘살지.

사실, 치열한 입시 경쟁은 운이라는 링 위에서 벌어지는 쇼일지도 모르겠어. 그 운은 어떤 부모를 만나느냐는 운이지. 신분제 사회가 완전히 운에 의해 지배되는 사회라고 한다면, 오늘날의 사회도 여전히 신분제에 갇혀 있는지 몰라. 오늘날의 사회도 크게 다르지 않으니까 말이야. 다만 옛날에는 신분이 태어날 때 결정됐다면, 오늘날에는 20살 전후로 결정될 뿐이겠지. 대학 입시를 통해서 말이야.

2010학년도 연세대 인문계열 신입생 중에서 외고 출신은 무려 48.9%를 차지했어. 부모의 계층에 따라 자녀의 학업 성적은 철저히 위계화되고, 위계화된 성적은 다시 계층의 위계화로 이어지지. 부와 계층의 대물림이야.

혹시 너희 중에 "자본주의 사회에서 대물림이 뭐가 나빠? 대물림도 능력 아니야?" 이렇게 생각하는 사람 있나? 부모의 능력이 자기의 능력은 아니지. 자본주의가 더욱 건강하게 유지되려면 모두에게 공정한 기회가 주어져야 해. 그래야만 모두가 열심히 노력하고 열심히 일할 동기가 생기겠지. 또한 능력 있는 사람이 제대로 인정받아야 사회도 더욱 발전할 수 있을 거야. 부모의 능력이 자식의 능력을 대체하는 사회는 독립심과 도전 정신이 사라지고 부모의 경제력에 의지하게 되지. 반면에 부모의 능력이 자식의 능력을 대체하지 않는 사회에서는 젊은이들이 모험적이고 진취적인 도전을 할 수 있지.

그런데도 우리 사회에서 어떤 이들은 태어나는 순간부터 엄청난 혜택과 특권을 누리고 있어. 부의 격차를 얘기하면서 재벌과 서민의 격차를 지적하지 않을 수 없을 거야. 가령 삼성전자의 회장이 일반인보다 더 똑똑하고 열심히 일할 수 있겠지만, 그리고 하루가 240시간이나 2400시간 주어지는 건 아니잖아. 어차피 똑같이 주어진 24시간 안에서 열심히 사는 거 아니겠어? 그런데도 그는 일반인과 비교할 수 없을 정도로 많은 재산을 가지고 있지. 물론 그들은 시간의 양이 아니라 질이 문제라고 할 거야. 같은 시간을 일해도 평범한 사람들이 할 수 없는 업무와 판단을 재벌 총수나 CEO들이 한다고 말이야.

그들이 보통 사람들보다 더 능력이 뛰어날 수 있다는 사실은 인정해. 다만 재벌 총수나 CEO들의 능력만으로 기업이 성장해 온 건 아니라는 거야. 사람들은 기업 경영에서 재벌 총수나 CEO의 영향력이 절대적이라고 생각하지만, 재벌 총수나 CEO의 영향력은 생각보다 절대적이지 않아.

라케시 쿠라나 하버드대 교수는 기업 실적의 30~40%는 산업 효과, 10~20%는 경기 순환, 10% 정도만이 CEO의 영향이라고 추정했지. 게다가 재벌 총수나 CEO의 역량이 오로지 개인적인 것인지도 의문이야. 오늘날 생산, 공정, 마케팅의 혁신 과정은 점점 더 집단적으로 이루어지고 있지. 일본 기업들은 생산 라인 노동자들의 창의성까지 흡수할 수 있는 제도적 메커니즘을 가지고 있어. 조직의 창의성까지도 전부

CEO의 역량이라고 주장하기는 어렵겠지.

재벌 총수들은 이병철이나 정주영 같은 재벌 1세대와 달리 맨땅에서 부를 일구지 않았어. 그런데도 그들은 엄청난 부를 누리고 있지. 이게 과연 공정한 걸까? 사실 맨땅에서 부를 일궜다고 평가받는 재벌 1세대들도 오직 자력으로 성공한 건 아니야. 국가가 적극적으로 지원해 줬거든. 우선 광복 직후 일제의 귀속 재산을 개인에게 파는 과정에서 특정 기업이 혜택을 보았지. 13개 기업이 일제의 재산을 넘겨받았는데, 가격의 10%만 현금으로 내고 나머지는 15년 동안 나눠서 지급하는 방식이었어. 당시의 높은 인플레이션을 감안하면, 국가 재산을 거의 무상으로 넘겨받은 거나 마찬가지야.

외화를 배정하는 과정에서도 특혜가 있었어. 정부가 법정 환율을 낮게 책정한 결과, 달러를 배정받은 기업은 가만히 앉아서 커다란 이익을 챙겼지. 1950년대 당시 암시장에서 1달러가 600원에 거래됐지만, 법정 환율로는 280원에 불과했거든. 때문에 10만 달러를 배정받은 기업은 무려 3200만 원을 벌었지. 당시 세뱃돈이 10원 정도였으니까 어느 정도 가치인지 짐작할 수 있을 거야.

국가가 제공한 엄청난 혜택 덕분에 기업들은 여러 계열사를 거느리며 서서히 재벌의 형태를 갖춰 갔지. 1960년대 삼성그룹은 삼성물산, 제일제당, 신세계백화점 등 15개의 계열사를 거느렸고, 락희그룹(현재의 LG 및 GS)은 금성사, 락희화학 등 5개의 계열사를 거느리게 되었어. 특정 기업에 대한 혜택은 이후 박정희 정권에서도 이어졌지. 박정희 정부가 내세운 경제 발전 전략은 '선택과 집중'이었어. 유망한 산업, 유망한 기업을 골라 집중적으로 지원함으로써 이들 산업, 기업이 전체 성장을 견인하는 전략을 택했지. 이에 따라 선택받은 기업들은 정부로부터 다양한 지원과 특혜를 제공받았어.

재벌 1세대의 부富조차도 오로지 그들의 능력만으로 이룬 게 아니라는 거야. 정부가 공식적, 합법적으로 추진한 경제 정책만으로도 기업이 누린 혜택은 적지 않았지. 여기에 정치인과 경제인이 결탁하는 정경유착政經癒着 같은 문제를 고려하면 기업이 누린 혜택은 더 커지지. 더욱이 재벌 2세나 3세들은 선대가 이룬 유산 위에서 시작한 거니까 더더욱 그들의 능력만으로 그 자리에 오른 게 아니겠지. 어차피 운이 좋아 재벌 기업을 물려받은 거고, 그 덕에 일반 사람들과 완전히 다른 출발선에서 시작할 수 있었던 거야. 그런 관점에서 보자면 공정성에 상당한 문제가 있는 거겠지.

· 공정한 경쟁의 룰

뒤의 표에서 볼 수 있듯이, 한국 재벌들의 경우 이웃 일본에 비해 창업자보다 상속자의 비율이 훨씬 높아. 일본의 경우 20대 부호의 상당수가 상속이 아닌 창업으로 부를 일궜지. 우리와 차이가 크지. 50대 부호로 늘려 잡아도 마찬가지야. 우리는 50대 부호 가운데 11명만이 창업자인데 반해, 일본은 무려 34명이 창업자야. 16명만이 상속으로 부

한국과 일본의 부호 순위

한국의 20대 부자

순위	이름	기업	재산	형태
1	이건희	삼성그룹	107.7억 달러	상속
2	정몽구	현대자동차그룹	51.3억 달러	상속
3	정의선	현대자동차그룹	20.8억 달러	상속
4	서경배	아모레퍼시픽	20억 달러	상속
5	신동빈	롯데그룹	17.8억 달러	상속
6	이재현	CJ그룹	17.1억 달러	상속
7	신동주	일본 롯데	17.1억 달러	상속
8	최태원	SK그룹	14.9억 달러	상속
9	홍라희	삼성그룹	14.7억 달러	상속
10	정몽준	현대중공업	13.1억 달러	상속
11	이영희	신세계그룹	11.8억 달러	상속
12	이재용	삼성그룹	11.4억 달러	상속
13	정용진	신세계그룹	11억 달러	상속
14	구본무	LG그룹	10.7억 달러	상속
15	이화경	오리온그룹	9.1억 달러	상속
16	조양래	한국타이어	8.8억 달러	상속
17	담철곤	오리온그룹	8.1억 달러	상속
18	정지선	현대백화점그룹	7.9억 달러	상속
19	구본준	LG전자	7.8억 달러	상속
20	김준일	락앤락	7.3억 달러	창업

일본의 20대 부자

순위	이름	재산	형태
1	야나이 다다시	155억 달러	창업
2	사지 노부타다	107억 달러	상속
3	손정의	91억 달러	창업
4	미키타니 히로시	64억 달러	창업
5	부수지마 쿠니오	52억 달러	창업
6	모리 아키라	50억 달러	상속
7	다키자키 타케미츠	47억 달러	창업
8	한창우	34억 달러	창업
9	다카하라 개이치로	33억 달러	창업
10	이토 마사토시	28억 달러	창업
11	우애하라 쇼지	25억 달러	상속
12	미키 마사히로	24억 달러	창업
13	야마우치 히로시	21억 달러	창업
14	다케이 히로코	20억 달러	상속
15	다나카 요시카즈	19억 달러	창업
16	시게타 야스미츠	16.5억 달러	창업
17	가나자와 형제	16억 달러	상속
18	기노시타 형제	15.6억 달러	상속
19	타다 카츠미	15.2억 달러	창업
20	오카다 카즈오	15억 달러	창업

자료 : 「일본 부호 68% 자수성가, 한국 78% 재벌 상속자」, 〈CEO 스코어〉, 2013년 4월 30일자

호가 됐지. 전 세계에서 10억 달러(1조 원)가 넘는 재산을 보유한 억만
장자는 2325명인데, 그중에서 상속받은 재산이 전혀 없이 창업한 경우
가 54.8%에 달하지.

한국의 부호 순위는 거의 20년 전과 별반 다르지 않아. 1명을 제외한 19명의 상속자들은 무엇을 의미할까? 그들의 능력이 출중해서라고 강변할 수 있을까? 창업자들이 무능력해서 상속자들과의 경쟁에서 이기지 못했다고 말하긴 어려울 거야. 상속자들의 능력이 그렇게 뛰어나다면 50대 그룹이나 100대 그룹 가운데 상당수가 전 세계 시장에서도 선두를 달려야겠지. 그러나 삼성전자나 현대자동차 등 일부 그룹을 제외하면 대기업들이 모두 세계적인 기업으로 성장한 건 아니잖아. 결국 출중한 능력 때문에 창업보다 상속의 비율이 높은 게 아니야.

30대 재벌들의 업종을 보면 공통적으로 부동산 개발은 물론 임대, 물류, 광고, 전산 시스템 통합 회사를 가지고 있어. 이렇게 거의 모든 분야를 재벌들이 틀어쥐고 있기 때문에 새로운 기업의 시장 진입이 매우 어렵지. 문제는 이와 같은 상속형 기업이 가진 위험성이야. 우리는 이미 그런 문제를 경험한 적이 있지. 창업주와 후대 경영인의 '차이'는 1997년 외환위기를 전후로 심각하게 불거졌던 문제야. 1997년 1월 신흥 재벌인 한보철강의 부도는 한국 경제가 외환위기로 가는 '신호탄'이었다고 할 수 있지.

1997년 7월, 재계 순위 8위인 기아의 부도 위기를 전후로 대기업들이 연달아 쓰러졌어. 무분별한 규제 완화로 정부의 통제와 감시가 느슨해지자 대기업들이 무리하게 중복·과잉 투자에 나선 탓이었지. 이와 같은 중복·과잉 투자가 결국 외환위기를 불러온 주범이었어. 쌍용, 동아, 삼미, 진로, 한일, 대농, 신동아, 벽산, 우성, 쌍방울, 새한, 한보, 한라 등 당

한보철강의 부도

말단 세무 공무원이었던 정태수는 1974년에 한보상사라는 회사를 차렸어. 1978년 당시 최대 규모였던 대치동 은마아파트 분양 성공으로 사업의 발판을 마련하고 1980년 한보철강을 세웠지. 그리고 수조 원이 들어가는 당진 공장을 지었어. 천문학적인 자금은 금융 기관을 개인 금고처럼 이용해서 마련했지. 정치권에 로비를 벌인 결과였어. 그렇게 빌린 돈으로 공장을 세우고 사업을 확장했지. 그 결과, 1993년 4개 계열사에서 시작한 한보 그룹은 4년 만에 22개 계열사를 거느린 재벌로 성장했어. 그렇게 돈을 끌어 모아 무리하게 사업을 확장한 탓에 한보철강은 1997년 1월, 결국 부도를 맞게 되지. 그때까지 금융 기관에서 빌린 돈이 무려 5조 559억 원 정도로 밝혀졌어. 한보를 시작으로 대기업들이 연쇄 부도를 일으켰고 금융 시장을 뒤흔들었지. 국가 신용도가 추락하고 외국인 투자자들이 일시에 자금을 회수하면서 외환 보유고가 바닥나는 사태에 이르게 됐어. 그 결과, 대한민국은 IMF 구제금융이라는 최악의 상황을 맞고 말았지.

시 무너졌던 상당수 재벌들이 2세 경영 체제였어. 이처럼 상속으로 물려받은 기업의 경영권은 해당 기업의 존폐를 넘어 국가 경제에도 치명적인 상처를 남길 수 있지.

완벽하진 않더라도, 우리는 좀 더 공정한 경쟁의 룰을 만들어야 해. 예를 들어, 대학 입시만 하더라도 지금의 사회 배려자 전형이나 지역 균형 선발 등을 더 늘려야 해. 그리고 근본적으로 평가의 틀을 다시 짜야 해. 미국에서는 소수 민족 등에게 교육 기회와 고용 기회를 더 주기 위해 차별 철폐 조치 Affirmative action plan를 실시하고 있지. 주로 인종에 따라 가산점을 부여하는 방식인데, 우리는 이보다 더 발전된 방안을 생각해 봐야 해. 가령 부모의 소득, 재산, 학력, 거주지, 결손 가정 여부 등을 종합적으로 고려해 가산점을 부여할 수 있겠지. 물론 여러 가지 가정 환경 요소를 가산점에 반영하려면 사회적 합의와 합리적 방안이 필요할 거야.

다만 입시 제도의 개선은 궁극적인 해결책이라고 볼 수 없어. 대한민

30

국의 입시 문제는 단순히 교육의 문제만은 아니니까. 지금의 승자 독식 구조를 깨지 않는 이상 그와 같은 제도 역시 한계를 지닐 수밖에 없어. 맨 위에 서 있는 이들이 모든 것을 가져가는 사회를 승자 독식 사회라고 하지. 능력과 성과에 대한 보상이 지나치게 편중되어 있다는 거야. 대학을 졸업한 사람과 그렇지 않은 사람의 격차, 수도권 대학 졸업자와 지방대 졸업자의 격차, 대기업과 중소기업의 격차 등을 해소하는 보다 근본적인 변화가 함께 요구되는 까닭이야.

03

이기심이
우리를 구원할
거라는 **생각**

탐욕이 불러온 비극과 신자유주의의 몰락

· 애덤 스미스 VS 존 메이너드 케인스

우리는 개인이든 기업이든 열심히 노력해서 경쟁력을 키워야 한다고 생각하지. 정글 같은 사회에서 살아남기 위해서는 어쩔 수 없다고 정당화하면서 말이야. 기업가가 이기적인 자세로 기업의 이윤을 최대화하려고 노력하면, 기업이 성장하고 국가 경제에도 이로울 거라고 여기지. 이런 논리는 멀리 애덤 스미스Adam Smith에서 비롯했어. 흔히 '경제학의 아버지'로 불리는 애덤 스미스는 현대 경제학의 기초를 세운 인물이야. 애덤 스미스는 『국부론』(1776)에서 이렇게 말했지.

우리가 저녁식사를 기대할 수 있는 것은 푸줏간 주인, 양조장 주인, 제빵 업자의 자비심 덕분이 아니다. 그들의 돈벌이에 대한 관심(이기심) 덕분이다.

모든 사람이 자기 이익을 극대화하려는 이기적인 동기로 움직인다는 거야. 덕분에 경제 전체가 더욱 효율적으로 돌아가게 된다는 거지. 마치 꿀벌이 꽃에서 꿀을 따 먹기 위해 이 꽃에서 저 꽃으로 옮겨 다니는 것과 같아. 이기적인 꿀벌의 행동 덕분에 꽃가루는 이 꽃에서 저 꽃으로 옮겨질 수 있지. 그렇게 수정이 되고 열매가 맺히지.

마찬가지로 이윤을 추구하는 사람의 이기심이 상품과 서비스를 제공하게 하고, 노동자를 고용하게 만드는 거야. 상인의 이기심은 저녁거리를 차려 주고, 기업가의 이기심은 노동자에게 월급을 주지. 각자의 사익私益 추구는 시장이라는 이름의 '보이지 않는 손'에 의해 조정되면서 사회 전체의 공익公益으로 승화되는 거야.(사실 『국부론』에는 '보이지 않는 손'이라는 표현이 딱 한 번 나오지. 김수행이 번역한 『국부론』 552쪽에 딱 한 번 등장해.)

공익을 추구하려는 의도도 없고 자신이 공익에 얼마나 기여하는지조차 모르는 사람들이, 오직 자신의 이익만을 추구하는 과정에서 보이지 않는 손에 이끌려 의도하지 않았던 공익도 얻게 된다.

자기가 원하는 것을 사 먹고 원하는 대로 생산하기만 하면 더 좋은 결과를 낳는다는 거야. 이기적으로 행동하는 것이 오히려 이타적으로 행동하는 것과 같은 결과를 낳을 수 있다니! 애덤 스미스의 논리는 당시에 매우 혁명적이었지. 사람은 바르게 살아야 하고 종교의 가르침을 따라야 한다는 생각을 부정했기 때문이야. 이 전복적 논리가 오랫동안 세계 경제를 지배해 왔어. 애덤 스미스 이래로 자본주의는 탐욕의 수레바퀴로 굴러 왔지.

물론 지금까지 줄곧 그래 왔던 건 아니야. 분배와 평등을 강조하는 생각이 지배적이었던 시대도 있었어. 1930년대 대공황 이후 세계는 경쟁과 효율성을 강조하던 것에서 계층 간 소득 격차를 줄이는 분위기로 바뀌었지. 그렇게 20세기 중반의 세계는 애덤 스미스에서 잠시 벗어나 있었어.

시장의 '보이지 않는 손'을 주장한 애덤 스미스는 시장에 맡겨 두면 언젠가 반드시 최선의 길을 찾는다고 생각했지. 그래서 애덤 스미스는 『국부론』에서 정부의 역할을 단 세 가지로 한정했어. 첫째 외적으로부터 사회 보호, 둘째 불의나 억압으로부터 시민 보호, 셋째 공공사업과 공공기관 유지. 결국 정부가 함부로 시장에 간섭해서는 안 된다는 거지. 이것이 바로 자유 시장 경제 체제야.

그런데 1929년 대공황이 발생하면서 상황이 바뀌었지. 존 메이너드 케인스의 이론에 따라 정부가 시장에 적극적으로 개입하고 완전 고용과 소득 평준화를 추구했어. 이를 보통 수정 자본주의라고 하지. 케인스는 개인에게 합리적인 선택이 사회 전체에는 합리적이지 않을 수 있다고 봤어. 가령 경제가 침체되면 회사와 노동자는 지출을 줄이기 마련이지. 기업 입장에서는 수요 감소에 대비하고, 노동자 입장에서는 임금 삭감과 실업에 대비하는 거야. 그런데 모든 경제 주체들이 이렇게 행동한다면, 상황은 더욱 나빠지겠지. 이런 경제 행위가 사회 전체적으로 더해지면 총수요가 감소하고, 결국 기업의 파산과 노동자의 해고 가능성은 더욱 커질 테니까.

그러므로 케인스는 전체 경제를 관리하는 정부는 기업이나 개인이 합리

애덤 스미스는 탐욕의 경제학자가 아니었어. 그는 『국부론』에서 이기적인 동기를 강조했지만, 대기업의 사회 독점을 경계하는 문장들도 함께 남겨 놓았지. 절대 왕정 당시의 상업 자본가들, 그러니까 대무역상과 제조업자들이 무역을 독점하는 중상주의 정책을 과감하게 비판했어. 애덤 스미스는 독점적 거대 상인과 무역업자, 제조업자 등에게 시장을 맡기면 국부(國富)가 오히려 감소한다고 보았지. 오늘날로 치자면, 대기업의 탐욕과 폐해를 일찌감치 간파했던 거야.

Adam Smith ┊ John Maynard Keynes

모든 경제 주체가 자기 이익을
극대화하려는 이기적인 동기로
움직인 결과 경제 전체가
더욱 효율적으로 돌아간다.

개인에게 합리적인 선택이 사회 전체에는 합리적이지 않을 수 있다.

이윤을 내려는 기업가의 이기심이
노동자에게 월급을 주고
저녁 식탁에 음식을 차려 준다.

이리 떼의 자유는 양 떼에게 죽음을 뜻한다.

정부는 시장에 적극적으로 개입해야 한다.

정부는 함부로 시장에
간섭해서는 안 된다.

적이라고 여기는 방식으로 정책을 써서는 안 된다고 주장했지. 그러니까 정부는 다른 경제 주체들이 합리적이라고 여기는 행위와 반대되는 정책을 써야 한다는 거야. 경제가 침체기에 있을 때는 기업과 개인이 지출을 줄이는 경향과 반대로 지출을 늘리고, 경제가 회복기에 접어들면 오히려 지출을 줄이고 세금을 올려 수요가 공급을 지나치게 초과하지 않도록 하는 식이지.

미국은 대공황을 극복하기 위해 뉴딜 정책을 추진했어. 뉴딜 정책은 대규모의 정부 투자 정책이야. 정부는 직접 다리를 놓고 공장을 세웠지. 일자리를 늘리고 돈이 돌게 만들었던 거야. 덕분에 케인스 이후 자본주의는 황금기를 맞게 됐지. 뉴딜 정책 이후 세금은 가파르게 상승했어. 프랭클린 루스벨트 대통령은 소득세 상한선을 63%까지 올렸지. 재선에 성공한 뒤에는 79%까지 끌어올렸어. 부자들에게 세금을 더 많이 걷어서 복지와 소득 재분배에 활용한 거야. 반세기 가까이 세금을 올리고 복지를 확충함으로써 미국인 대부분은 중산층의 생활을 누리게 됐어. 이때가 바로 '아메리칸 드림'이 꽃피었던 시기야.

· 신자유주의라는 파국

그러다 1970년대 세계적인 불황이 찾아오게 됐지. 그러면서 영미를 중심으로 자유주의 경제학이 부활하기 시작했어. 여기에 이른바 신자유주의라는 이름이 붙게 됐지. 애덤 스미스의 고전적 자유주의가 현대적으로 부활한 거야. 이때 신자유주의의 입장에서 모든 계획 경제에 반대하는 프리드리히 하이에크의 이론이 주목받기 시작했지. 이런 변화는 미국의 레이건 행정부부터 시작되었어. 같은 시기 영국에서는 마가렛 대처 수상이 대처리즘Thatcherism을 표방했지. 대처리즘도 신자유주의 정책이었어. 신자유주의가 정확히 뭘까?

신자유주의는 과도한 정부 규제가 시장을 망가뜨렸다고 봤어. 그래서 규제 완화, 자유 시장, 시장 개방 등을 부르짖으며 정부의 역할을 줄이고, 세계를 하나의 시장으로 묶는 질서를 탄생시켰지. '세계화'라는 표현도 여기에서 유래해. 이제 거대 자본이 전 세계 구석구석까지 마음대로 돌아다니게 됐지.

또한 기업 활동을 활성화한다는 명목 아래 대대적인 감세를 단행했어. 1950년대 90%까지 올라갔던 소득세 최고 세율은 39%까지 떨어졌지. 규제도 대폭 줄였지. 노조 가입률은 떨어졌어. 1960년의 노조 가입률은 30.4%였는데 1999년에는 13.5%로 떨어졌지. 노조 가입률이 떨어지면 사회적 약자들이 조직적으로 정부 정책에 영향력을 행사하기 어렵게 되지.

결과는 참혹했어. 기업과 부자에게 더 큰 조각을 주면 그들이 더 많은 부를 창출해 파이를 키워 줄 거라고 믿었지만, 파이는 커지지 않았지. 오히려 파이가 커지는 속도만 줄었어. 1980년대 이래 경제 성장률이 더 떨어졌거든. 1960~1970년대에 전 세계적으로 1인당 평균 소득은 매년 3% 이상 증가했지만, 1980~2009년 사이에는 1.4%밖에 늘어나지 않았지. 게다가 경제 성장의 혜택은 최상위층에게 집중됐고, 그 아래 계층으로 흘러가지 않았어. 분배 상태가 악화됐던 거야.

"이리 떼의 자유는 양 떼에게 죽음을 뜻한다."

케인스가 한 말이야. 약육강식의 무제한적 경쟁으로 승자는 자유를 누리지만 패자는 굶주린다는 거지.

이런 흐름은 최근까지도 이어져 왔어. 그러다 2008년 미국발 세계 금융 위기가 터졌던 거야. 정부의 규제를 줄이고 기업의 자유를 확대하면 경제가 성장하고 모두가 잘산다는 믿음에 균열이 생기기 시작한 순간이었지. 거대한 파도로 세계를 집어삼키던 신자유주의가 조금씩 흔들리게 됐어. 잘나가던 월스트리트의 투자은행들이 줄줄이 파산했어. 아무런 규제 없이 이기심과 탐욕만을 추구한 결과였지. 투자은행은 투자자와 기업을 연결해 주는 선량한 브로커가 아니었어. 그들 역시 철저하게 애덤 스미스의 이론을 따라 탐욕을 추구했지. 이기심을 발휘해 이익을 챙기면 결국 시장에도 좋다는 이론대로 말이야.

그러나 막상 위기가 닥쳐 뚜껑을 열어 보니, 그들의 이기심은 오직 그들에게만 이로울 뿐이었어. 투자은행들은 자신들이 먼저 투자한 기업에 투자자들이 투자하도록 유도했어. 그런 방식으로 주가를 끌어올린 거야. 그런 다음에 투자한 기업의 상황이 나빠질 것 같으면, 자신들이 먼저 주식을 팔고 투자자들에게 알렸어. 리먼브라더스, 메릴린치 등 주요 투자은행들 대부분이 몰락의 길을 걸었지. 애덤 스미스의 이론을 충실히 따르며 세계에 전파했던 이들이 먼저 손들었어. 정부의 재정 투입으로 가까스로 살아남은 많은 금융사들은 간신히 연명하는 수준이야. 금융 위기가 발생한 지 9년이 흘렀지만 세계 경제는 완전히 회복되지 못했어.

　미국은 천문학적인 규모의 공적 자금을 투입했어. 자유 시장을 추구하는 미국조차 몇몇 금융 기업을 살리기 위해 어마어마한 공적 자금을 투입한 거야. 대공황 이후 가장 큰 규모였어. 또한 미국 연방 준비 은행은 2009년부터 최근까지 3번에 걸친 양적 완화를 단행하기도 했지. 양적 완화는 경기를 살리기 위해 중앙은행이 국채 매입 등의 방법을 통해 시중에 직접 돈을 푸는 정책이야. 1, 2차 양적 완화에 무려 2조 3500억 달러(2600조 원)를 썼고, 2012년 9월 시작해 최근에야 종료된 3차 양적 완화에 1조 6천억 달러(1760조 원)를 썼지.

· 이기적 인간을 넘어서

　세상에는 정반대의 이야기도 있어. 마이클 무어 감독의 다큐멘터리 영화 〈자본주의 : 러브 스토리〉(2009)는 아이들을 위해 자신이 개발한 소아마비 백신의 특허 출원을 거부한 조너스 소크Jonas Edward Salk 박사의 사례를 보여 주지. 소아마비는 지금은 거의 찾아보기 힘든 병이지만, 예전에는 드물지 않은 질병이었어. 소아마비에 걸리면 팔다리가 마비되거나 전신 마비, 심하면 죽음에 이르기도 했지. 1950년대 미국에서는 매년 5만 명 이상의 환자가 발생할 정도로 소아마비가 만연했어.

그런데 1952년, 7년여의 연구 끝에 드디어 조너스 에드워드 소크 박사가 소아마비 예방 백신을 개발했어. 조너스 소크는 아이들을 위해 자신이 개발한 소아마비 예방 백신의 특허 출원을 극구 거부했지. 2차 세계대전 이후 소아마비가 전 세계를 휩쓸고 있을 때의 일이야.

사람들은 조너스 소크가 좋은 돈벌이 기회를 마다하고 피땀 흘려 개발한 신약을 왜 무료로 공개했는지 궁금하게 여겼지. 이유는 의외로 간단했어. "특허 신청을 하는 일은 없을 겁니다. 당신 같으면 햇볕을 가지고 특허 신청을 하겠습니까?" 조너스 소크가 한 말이야. 한마디로 자기가 개발한 백신은 자기의 것이 아니라 인류 공동의 자산이라는 거지.

만일 특허를 신청했다면 그는 엄청난 부자가 됐을 테고, 오늘날 훨씬 더 많은 사람이 다리를 절고 있겠지. 현재 세계보건기구에 납품되는 소아마비 백신의 가격은 고작 10센트(100원)야. 현재 아프리카를 포함한 전 세계 어린이들이 소아마비의 공포에서 해방된 것은 소크의 선의善意 때문이야.

과학 기술의 역사에는 드물지만 이렇게 특허권을 주장하지 않은 인물들이 있어. X선을 발견한 빌헬름 뢴트겐Wilhelm Conrad Röntgen도 대표적이야. 뢴트겐은 이렇게 말하며 특허를 거부했지. "X선을 특허로 내라고? 원래부터 있던 것을 나는 그저 발견했을 뿐이다." X선은 자기 것이 아니라 인류의 것이라는 뜻이야. 뢴트겐은 노벨상 수상금도 장학금으로 기부했어. 뢴트겐은 죽기 직전에 파산 지경에 놓였지만 끝내 특허권을 주장하지 않았어. 뢴트겐이 X선의 특허권을 주장하지 않음으로써 누구나 자유롭게 X선에 대해 연구할 수 있게 되었지. 그 결과 X선 관련 연구로 노벨상을 받은 사람만 20명이 넘어.

"그는 그 모든 저명인사 가운데 명성 때문에 부패하지 않은 유일한 인물이다." 아인슈타인이 마리 퀴리Maria Skłodowska-Curie에게 바친 찬사야. 퀴리 부부는 일찍이 라듐을 발견했어. 그들은 강력한 방사성 원소인 신新물질 라듐을 이용해 엄청난 돈을 벌 수 있었어. 그들은 돈방석에 앉을 수 있는 라듐 제조 방법을 개발했지만 특허권을 주장하지 않았어. 돈방석은 결코 과장이 아니야. 그 당시 천연 라듐의 가격은 1g당 무려 15만 달러(1억 5천만 원)에 달했으니까. 황금이나 다이아몬드보다 훨씬 비싼 가격이지. "라듐은 하느님의 것인데 우리가 먼저 발견한 것뿐이다. 하느님의 뜻은 이것을 모든 인류의 소유가 되게 하는 것이다."

팀 버너스 리Tim Berners-Lee는 인터넷을 대중에게 안겨 준 월드 와이드 웹www의 발명자야. 팀 버너스 리는 마음만 먹으면 충분히 억만장자가 될 수 있었지. 그러나 그는 그 길을 선택하지 않았어. 그는 자신의 특허를 주장하는 대신 자신의 아이디어를 무상으로 공개했고, 덕분에 인터넷은 급속도로 발전할 수 있었지. 그가 설립한 월드 와이드 웹 컨소시엄은 사용료를 받지 않는 테크놀로지를 표준으로 삼기로 결정했어. 덕분에 이 테크놀로지는 누구나 쉽게 이용할 수 있게 되었지. 인터넷은 협력의 공간이며, 모두가 힘을 합쳐야 세계가 직면한 문제를 해결할 수 있다는 게 그의 생각이야.

모든 것이 상품이 되어 팔리는 시대에 조너스 소크, 뢴트겐, 퀴리 부부, 팀 버너스 리의 일화는 많은 생각을 던져 주지. 성냥(존 워커), 재봉틀(월터 헌트), 회전 나침반, 입자 가속기, 자동 변속 장치, 자기 기록기, 베이클라이트(합성수지 일종) 등 20세기의 여러 발명품 중에는 끝내 특허를 받지 않은 것들이 있어. 오늘날, 돈벌이에 눈이 먼 자본주의 사회에서 쉽게 볼 수 있는 모습은 분명 아닐 거야. 만약 그들이 특허를 신청했더라면 어마어마한 돈을 벌었을 테니까 말이야. 자본주의 사회에서 그들의 행동은 오히려 비정상적으로 보일 정도지.

수면병이라는 질병이 있어. 걸리면 시도 때도 없이 잠만 자다 끝내 목숨을 잃는 질병이야. 주로 아프리카에서 발병하는 질병이지. 해마다 50여 만 명이 병에 걸리고, 그중 5만 명이 목숨을 잃고 있어. 수면병 치료제인 '에플로르니타인'은 미국에서 1990년에 개발됐지. 미국 제약사 브리스톨-마이어스 스퀴브사가 특허권을 갖고 있어. 그러나 이 회사는 수면병 치료제를 아예 생산하지 않지. 대신 이 약물을 여성용 제모除毛 크림의 원료로 사용해. 생명을 구할 수 있는 약물을 돈이 안 된다는 이유로 엉뚱한 곳에 쓰고 있는 거지. 불행하게도, 이게 자본주의 사회의 실상에 더 가까울지도 몰라.

04

물질에 대한
욕구는 무한하다는
생각

희소성을 향한 욕망

욕구나 욕망은 우리를 움직이는 힘이야. 경제 분야는 특히 더 그렇지. 욕망은 왜 발생할까? 욕망을 충족시킬 수단이 부족하기 때문에 발생하지. 흔히 얘기하는 희소성 때문이야. 인간의 물질적 욕망에 비해 그것을 충족시켜 줄 물질적 수단이 부족하다는 뜻이지. 욕망은 무한한데, 물질은 제한되어 있다는 거야.

만약 욕망을 충족시킬 수단이 무한하다면 어떻게 될까? 물질적 수단이 차고 넘친다면 희소성도 사라지고 욕망도 사라질 거야. 누구나 나이키 운동화를 신는다면 나이키 운동화를 그렇게 갖고 싶어 하지 않겠지.

희소성의 원리는 경제학을 뒷받침하는 기본 원리야. 그런데 이 원리에 대해서 다시 생각해 볼 필요가 있어. 정말 우리의 욕망은 무한할까? 뭉뚱그려서 욕망이라고 하면 무한한 것 같지. 하지만 구체적인 물질에 대한 욕망으로 나타내면 달라지지. 가령 신발을 신고 싶은 욕망은 무한하지 않아. 양으로 치면 상당히 제한되어 있지.

나이키 운동화 30만 켤레가 공짜로 생겼다고 해 봐. 매일 새로 한 켤레씩 평생 다른 운동화를 신을 수 있어. 이렇게 신발이 많으면 마냥 좋을까? 어쩌면 골칫거리가 될지도 몰라. 신발을 보관하려면 커다란 창고도 필요하고, 그 많은 신발을 관리하는 일도 만만치 않을 테니까. 게다가 매일 신발을 골라 신는 일도 피곤하지. 신발이 1000켤레만 있어도 그날그날 고르려면 힘들 텐데, 30만 켤레 가운데 고르려면 얼마나 힘들겠어. 머리에 쥐나지 않을까?

미국의 식료품 가게에서 잼을 늘어놓고 파는 실험을 했어. 한쪽 판매대에는 24가지 잼을 펼쳐 놓았고, 다른 판매대에는 6가지만 올려놓았지 어느 쪽이 많이 팔렸을까? 손님들은 24가지 상품이 진열된 곳에서 더 오래 고민했지. 그러나 잼은 2%만 샀어. 반면에 6가지 제품이 있는 곳에서는 30%의 손님이 잼을 샀지. 선택할 대상이 늘어날수록 고민만 커진다는 사실을 보여 주는 사례야.

나이키 신발을 다른 대상으로 바꿔 생각해도 마찬가지야. 햄버거를 좋아한다고 해서 30만 개의 햄버거가 주어지면 행복할까? 가방을 좋아한다고 명품백 30만 개를 안겨 주면 행복할까? 얼핏 생각하면 행복할 것 같지만, 곰곰이 생각해 보면 행복하지 않을 수 있다는 사실을 깨닫게 되지. 장난감을 예로 들어 볼까. 아이들은 장난감을 하나 사 주면 금세 또 다른 걸 사 달라고 조르지. 새로 사 줘도 금세 잊어버리고 또 사 달라고 하고. 이런 모습을 보면 인간의 욕구가 무한한 것 같지. 그런데 가만히 잘 생각해 봐. 아이들이 정말 장난감을 원해서 사 달라는 경우도 있겠지만, 함께 놀 친구가 없어 심심하거나 부모의 관심과 사랑을 받고 싶어서 자꾸 사 달라고 조르는 건 아닐까?

정작 중요한 것은 물질에 대한 욕구가 아니라 관계에 대한 욕구인지도 몰라. 채워지지 않는 관계의 욕구를 물질로 대신하려고 하는 거지. 부모가 사랑하는 마음으로 아이와 잘 놀아 주고 함께 즐거운 시간을

많이 갖는다면 장난감을 사 달라고 자꾸 조르지는 않겠지. 부모랑 노는 게 즐겁고 재밌는데 장난감에 관심 가질 시간이 어디 있겠어. 애정의 결핍은 내면의 공허를 낳고, 내면의 공허는 물질적 욕망을 키우지.

· 돈은 권력이다

물론 이렇게 생각할지도 몰라. "내가 언제 그걸 다 쓴다고 했나. 팔아서 돈으로 바꾸려 했지." 이렇게 생각하면 욕망은 다시 무한한 것 같지. 그렇게 돈으로 바꿀 수만 있다면 30만 켤레가 아니라 300만 켤레, 3000만 켤레가 생겨도 싫지 않겠지.

여기서 한 가지 사실이 분명해지지. 구체적인 욕망은 무한하지 않다는 거야. 무한한 것은 돈에 대한 욕망이지. 돈에 대한 욕망은 왜 무한할까? 신발이나 햄버거와 정반대의 이유에서 그렇지. 즉 돈은 신발이나 햄버거와 달리 물질이 아니야. 물론 지갑 속에 들어 있는 돈은 물질로 되어 있지. 하지만 지갑 속의 화폐는 돈의 표시일 뿐이야. 돈이 물질이 아니라는 사실은 은행 잔고를 생각하면 이해하기 쉽지. 잔고는 물질이 아니기 때문에 무한히 축적할 수 있는 거야.

돈에 대한 욕망은 매우 독특한 욕망이야. 돈에 대한 욕망은 미래의 가능성을 확장하고자 하는 욕망이지. 다시 말해 내가 무언가를 마음대로 선택할 수 있고, 외적 상황에 휘둘리지 않으려는 욕망이야. 바로 자유에 대한 욕망이라 할 수 있어. 그래서 도스토옙스키는 "돈은 주조

鑄造된 자유"라고 말했어.

인간은 일정한 사회적 관계 안에서 살아가지. 그런 의미에서 돈에 대한 욕망, 곧 자유에 대한 욕망은 권력에 대한 욕망이라고도 볼 수 있어. 홍기빈은 돈에 대한 욕망을 이렇게 설명했지. "실제로 희소한 것은 권력이지 재화 그 자체가 아니다. (……) 현대 자본주의 사회는 돈을 벌어야만 미래의 가능성이라는 의미의 사회적 권력을 얻을 수 있도록 짜여져 있다. 따라서 권력을 향한 사람들의 무한한 욕망은 곧 화폐나 재화에 대한 무한한 욕망으로 나타나게 되고 경제는 희소성의 원리로 조직된다."(『아리스토텔레스, 경제를 말하다』, 27쪽)

고병권은 이를 이렇게 표현하기도 했지. "누구에게나 들리는 환청이 있다. '화폐의 노예가 돼라. 그러면 모든 것의 주인이 될 수 있다.'"(『화폐, 마법의 사중주』, 19쪽) 여기서 모든 것은 시장에서 거래되는 모든 것이기도 하지만, 시장 권력이 커진 오늘날에는 사회적 영향력을 포함한 모든 것이라고 할 수 있지.

희소성을 이루는 다른 축인 한정된 수단에 대해서도 다시 생각해 볼 수 있어. 경제학에서 주로 다루는 재화는 햇빛이나 공기처럼 공짜로 얻을 수 있어서 비용 문제가 발생하지 않는 자유재自由財는 드물고, 대부분 비용을 치러야 하는 경제재經濟財야. 자유재는 무한히 존재하기 때문에 비용을 지불하지 않고 사용할 수 있는 재화를 가리키지. 무한하기 때문에 당연히 희소성도 없어. 보통 자유재는 경제학의 분석 대상에서 제외되지. 반면에 경제재는 양이 제한되어 있어 일정한 비용을 지불해야만 사용할 수 있는 재화야. 시장에서 거래되는 거의 모든 상품과 서비스가 여기에 속하지.

그런데 자유재와 경제재는 엄격히 구분될까? 몇 십 년 전까지 컴퓨터는 상당히 희소한 사치품이었어. 하지만 오늘날 컴퓨터는 생필품이 되었지. 자유재까지는 아니지만 구입 비용이 상당히 저렴해졌어. 만약 어떤 이들이 자유재인 공기를 독점하는 기술을 개발했다고 해 볼까. 그러면 우리는 어쩔 수 없이 공기를 돈을 주고 사서 마셔야 하는 처지에 놓이게 될 거야. 즉 재화의 희소성이란, 어떤 것을 희소한 것으로 만들 것인가에 대해 그 사회가 집단적으로 내리는 결정에 따라 생겨나는 거야. 재화 자체에서 비롯하는 게 아니지.

그런데 아예 재화 자체가 희소한 게 있어. 가령 '1등'이라는 재화를 볼까. 이 재화는 일류 대학이나 좋은 직장에 들어가는 데 꼭 필요한 재화야. 문제를 쉽게 출제해 고득점자가 많이 나올 수는 있지만, 1등은 그럴 수가 없지. 일류 대학 입학 자격은 항상 희소할 수밖에 없어.

만약 대학을 더 지으면 어떻게 될까? 대학이 늘어나도 일류 대학은 늘어나지 않지. 오히려 일류 대학만 더 빛나게 돼. 전체 대학이 10개일 때 1등 하는 것과, 전체 대학 1000개일 때 1등 하는 건 다르니까. 결국 1등은 늘 희소한 재화일 수밖에 없는 거야.

여기서 다시 분명하게 확인이 되지? 희소한 것은 물질적 재화가 아니라 권력이나 서열이라는 사실 말이야. 물질적 부가 있어야만 권력을 가질 수 있도록 사회가 조직되어 있다면 권력의 희소성 때문에 물질적 부도 덩달아 희소해지는 거지.

권력을 화폐가 아닌 다른 것을 통해 획득할 수 있는 사회라면 어떻게 될까? 가령 사회적 신분에 비례해 권력이 주어진다면 희소해지는 것은 신분이 되겠지. 그런 사회라면 화폐나 물질은 더 이상 희소하지 않을 거야. 당연히 사람들은 화폐나 물질에 대해 무한한 욕망을 갖지 않겠지. 오직 신분에 대해서 무한한 욕망을 가질 거야.

결국 재화에 대한 욕망이 본질적으로 무한한 건 아니야. 만약 권력이나 지배에 대한 욕망을 공존이나 협동에 대한 욕망으로 대체한다면 재화에 대한 무한한 욕망도 달라지지 않을까? 지금까지 우리는 욕망의 무한성에 입각해서 경쟁과 탐욕, 이기심의 경제만을 생각해 왔어. 그러나 세상에는 협동과 선의, 이타심의 경제도 있지.

05

능력은 노력으로
만들어진다는 **생각**

성공의 조건과 운의 분배

· 무엇이 수명을 늘렸나?

1960년대의 우리나라 평균 수명은 60살 미만이었어. 지금은 평균 수명이 80살이 넘지. 그러니까 우리는 50년 전보다 무려 25년을 더 살 수 있는 셈이야. 평균 수명이 늘어난 게 전적으로 우리의 노력 덕분일까? 열심히 운동하고 건강을 관리한 덕분일까? 물론 그런 사람도 있겠지. 그러나 운동이나 건강 관리에 소홀한 사람들도 많아.

이렇게 평균 수명이 늘어난 이유가 뭘까? 경제 성장, 의료 발전, 생활 환경의 개선 등이 평균 수명의 연장에 결정적인 역할을 했어. 물론 개인이 운동하고 건강 관리에 신경 쓴 부분도 일부 있겠지만, 개인을 둘러싼 환경의 전반적인 발전이 없었다면 전체적인 수명 연장은 불가능했겠지. 결국 오랜 수명은 우리가 2000년대 대한민국에서 살고 있기 때문에 누릴 수 있는 혜택이야. 만약 50년 전의 대한민국이나 지금의 우간다에 태어난다면 평균 80살을 살기는 쉽지 않겠지. 우리가 아프리카가 아닌 대한민국에서 태어난 건 순전히 우연의 결과야. 이처럼 우연은 삶의 많은 부분에 영향을 미치지. 우연을 달리 표현하면 운, 행운, 우발적 조건 등으로 바꿔 말할 수 있어. 우리는 우연의 관점에서 능력에 대해서 생각해 볼 수 있을 거야.

개인적인 이야기를 좀 해 볼게. 예전에 독학으로 디자인을 공부한 적이 있어. 포토샵이나 일러스트레이터 같은 디자인 프로그램을 혼자 열심히 공부했지. 연습 삼아 디자인 관련 공모전에도 도전했어. 그 결과

8개의 상을 받았지. 디자인 공부를 시작한 지 2개월도 안 돼 첫 번째 상을 받고 연달아 계속 상을 받았어. 나름 열심히 노력했지. 밥 먹으면서도 아이디어 구상을 하고, 심지어 꿈속에서도 디자인을 할 정도였으니까. 그런데 말이야, 디자인을 전공하지도 않고 독학으로 공부한 사람이 짧은 기간에 8개의 상을 탄 게 순전히 노력 덕분이었을까? 물론 노력이 있었기 때문에 가능했겠지만, 타고난 재능이나 소질이 전혀 없었다면 불가능했을 거야. 내가 천재적인 재능을 타고났다, 그런 말은 절대 아니야. 다만, 얼마간 재능이 없었다면 단기간의 노력으로 그런 성과를 내기 어려웠다는 거지.

· 노력 지상주의의 함정

말콤 글래드웰Malcolm Gladwell은 『아웃라이어』에서 '1만 시간의 법칙'을 제시했어. '1만 시간의 법칙'은 어떤 분야든 1만 시간의 노력을 기울이면 전문가가 될 수 있다는 이론이야.

글래드웰은 천재로 알려진 모차르트부터 비틀즈에 이르는 인물들이 성공하기까지 대략 1만 시간의 노력을 기울였다고 주장하지. '1만 시간의 법칙'과 비슷한 이론으로 '도약의 10년 법칙'(『천재의 탄생』)도 있어. 한 분야에서 일정한 도약을 이루려면 약 10년 동안 관련 기술이나 학문을 배우고 연습해야 한다는 이론이야. 그런데 대개의 사람들은 '1만 시간의 법칙'을 누구나 1만 시간만 노력하면 성공한다는 의미로 받아들이곤 하지. 한마디로 '노력이 장땡'이라는 거야. 과연 열심히만 노력하면 누구나 성공할 수 있을까?

'1만 시간의 법칙'은 『아웃라이어』를 통해 유명해졌지만, 이론적 토대는 스웨덴 출신 심리학자 안데르스 에릭손K. Anders Ericsson이 마련했어. 1993년 안데르스 에릭손은 두 명의 동료와 함께 독일 명문 음악학교 학생들의 성취도를 연구했지. 그들은 대학생들의 실력을 조사한 결과, 입학 이전의 연습량에 따라 실력이 차이 난다는 사실을 밝혀냈어. 최고 수준의 학생이 7000시간 이상을 연습한다면, 상급 수준의 학생은 5000시간, 교사를 목표로 하는 보통 학생은 3000시간 정도만 연습했지.

전문가와 아마추어의 연습 시간

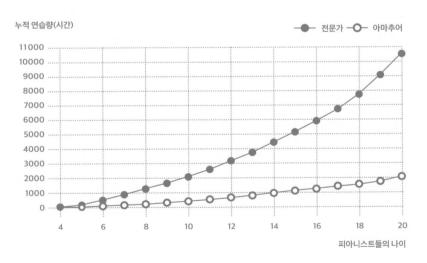

앞의 그래프는 아마추어와 전문가의 연습 시간을 비교한 그래프야. 20살이 되었을 때 전문가는 1만 시간의 연습 시간을 채우는 반면, 아마추어는 그보다 한참 부족한 2000시간 정도에 머물지.

안데르스 에릭손은 2007년에 추가 조사를 통해 "가장 재능이 뛰어난 사람도 최소한 10년 또는 1만 시간의 집중된 연습을 해야 국제무대에서 입상할 수 있다."는 내용의 논문을 발표했어.

그런데 최근 국제적 권위의 심리학 학술지인 『심리과학Psychological Science』에 '1만 시간의 법칙'을 뒤집는 연구가 실렸어. 미시간주립대의 잭 햄브릭 교수와 프린스턴대학교의 브룩 맥나마라 교수 등이 음악, 게임, 스포츠, 교육 등의 영역에서 '지속적인 연습과 성과 사이의 관계'에 대해 이루어진 기존의 연구 논문 88편을 분석했어. 앞에서 소개한 에릭손의 연구를 포함해서 관련 분야에서 이뤄진 중요 연구 성과를 망라하는 분석이었지. 이를 통해 성공에서 노력이 차지하는 비중이 생각보다 크지 않다는 걸 밝혀냈어.

그 결과 1만 시간의 노력으로 최고의 경지에 다다른 사람은 분야마다 달랐지. 게임 분야에서는 26%, 스포츠 분야에서는 18% 정도가 노력한 시간이 실력의 차이를 결정지었어. 학술 분야에서는 노력으로 넘을 수 없는 한계가 더욱 분명하게 존재했지. 학술 분야에서 노력이 차지하는 비율은 고작 4%였어. '1만 시간의 법칙'이 적용되는 경우는 전체의 3분의 1이 되지 않았지. 천부적 재능이 전부다, 이런 얘기는 아니야. 노력이 차지하는 비중이 절대적이지 않을 수 있다는 거지. 그렇다고 나머지 전부를 재능이 좌우한 건 아니야. 노력으로 설명되지 않는 나머지 부분은 재능뿐만 아니라 지능, 성격, 환경, 유전자, 연습을 시작한 연령 등이 복합적으로 작용한 결과지. 이러한 것들은 노력해서 갖게 되는 것이 아니잖아.

더 중요한 점은 '누가' 노력할 수 있는가의 문제야. 설사 '1만 시간의 법칙'이 맞다 해도, 그만큼의 노력을 누가 할 수 있는가의 문제가 남지. 안데르스 에릭손이 말한 노력은 단순한 연습(노력)이 아니라 잘 계획된 훈련deliberate practice을 의미하지. 그러니까 무작정 1만 시간만 투자한다고 누구나 전문가가 되는 게 아니야. 전문가는 잘 계획된 연습과 체계적인 훈련을 통해서 될 수 있지.

그렇다면 잘 계획된 연습과 훈련이란 무엇일까? 자신의 약점을 정확히 파악해서 약점을 극복하기 위한 목적으로 이루어지는 연습이 제대로 된 연습이야. 단순히 들입다 시간을 쏟아붓는 것은 제대로 된 연습이 아니지. 그러려면 정해진 목적을 이루기 위해 자신이 하는 노력의 과정을 정확하게 평가하고 지도해 줄 수 있는 선생이 있어야 해.

모차르트나 리하르트 슈트라우스는 대여섯 살 때부터 작곡을 시작한 천재들이었어. 모차르트와 슈트라우스는 둘 다 아버지가 음악가이자 좋은 선생이었지. 음악의 아버지 바흐나 음악의 어머니 헨델 역시 어려서부터 체계적으로 음악 수업을 받았어. 이들의 공통점은 놀라운 재능을 가졌지만, 그 재능을 일찍부터 알아보고 지원해 준 이들이 있었다는 점이야. 천재의 재능 역시 훌륭한 선생 밑에서 체계적인 연습과 훈련을 거쳐 완성되는 거지. 그러니까 골방에 틀어박혀 죽어라 연습한다고 꼭 성공하는 건 아니야.

그런데 체계적인 훈련은 좋은 선생뿐만 아니라 꾸준한 지원이 있어야 가능하지. 부모가 경제적으로 여유가 없으면 애초에 불가능한 거야. 우리 현실에서 예를 들어 볼까? 사법시험 합격까지 걸리는 기간은 평균적으로 6년 정도라고 해. 사법연수원에 입소하는 평균 연령은 대략 만 29~30세야. 보통 대학교 2~3학년부터 사시 공부를 시작하는 사람들이 많다는 점을 감안하면, (군 입대를 제외해도) 평균 6~7년은 족히 되는 셈이야. 그렇다면 그 기간 동안 들어갈 생활비며 학원비, 교재비 등은 얼마나 될까?

사법시험을 준비하려면 1년에 평균 1000만 원 정도가 들어간다고 하지. 그래서 합격까지 평균적으로 6300만 원 정도가 필요해. 로스쿨 (법학전문대학원)이 도입되면서 이 비용은 가파르게 상승했지. 로스쿨 진학을 준비한 시점부터 변호사가 되기까지 평균 4.77년이 들어. 기간은 사법시험에 비해 다소 줄었지만 비용은 더욱 늘어났지. 4.77년 동안 연평균 2217만원이 필요하고, 총 1억 575만 원이 든다고 해. 연평균 비용이 사시에 비해 2배 이상 드는 거야.

· 동등한 경쟁은 없다

어릴 때부터 체계적인 훈련과 교육을 받고 더 많은 기회를 갖는다는

사법시험 준비 비용

평균 **1년 1000만 원**

사법시험 합격까지 평균 6~7년

6300만 원

로스쿨 진학부터 변호사가 되기까지

평균 **4.77년**

연평균 **2217만 원**

총 **1억 575만 원**

것은 상당히 중요하지. 남보다 조금이라도 앞선 조건에서 시작하면 그만큼 성공하기에 유리하니까. 말콤 글래드웰은 『아웃라이어』에서 캐나다의 하키 선수 사례로 이를 증명했어. 다음은 어떤 하키 팀에 소속된 25명 선수들의 월별 생일이야. 1월생 8명, 2월생 3명, 3월생 3명, 4월생 3명, 5월생 2명, 6월생 1명, 7월생 없음, 8월생 2명, 9월생 1명, 10월생 1명, 11월생 없음, 12월생 1명. 어때? 어떤 차이가 있는지 알겠어? 1월부터 4월까지의 선수들이 월등히 많아. 25명 중에 17명이나 되지.

　태어난 달과 하키 선수 선발은 무슨 연관이 있을까? 캐나다는 하키가 아주 유명한 나라지. 캐나다에서 코치들은 아홉 살이나 열 살 무렵의 소년들을 대상으로 선수 후보군을 찾기 위해 분주히 뛰어다녀. 이때 조금이라도 더 몸집이 크고 재능이 있어 보이는 선수들이 발탁되겠지. 지역 리그에 남은 아이들은 한 시즌에 고작 20여 경기를 뛸 뿐이지만, 후보군으로 발탁된 아이들은 75경기를 소화하고 두세 배로 열심히 연습하게 되지. 물론 처음 출발점에서는 큰 차이가 없었어. 다만 몇 개월 더 일찍 태어나 신체가 조금 더 크거나 발달되어 있었을 뿐이지. 그래서 코치들에게 발탁될 수 있었고. 그런데 한창 성장기에 있는 소년들은 훌륭한 코치를 만나 강도 높은 연습을 하면서 정말로 뛰어난 선수로 거듭나게 되지. 그 결과가 바로 성인 팀에 몰려 있는 1~4월생 선수들이야.

　결국 비슷한 재능과 능력이 있어도 초기에 어떤 훈련을 하고, 어떤 조건에서 시작하느냐에 따라 이후의 결과는 엄청난 차이가 생기지. 나비 효과 같은 거야. 나비 효과란 나비의 날갯짓과 같은 작은 파동이 태풍처럼 큰 결과를 낳는 현상이지. 사회학에서는 이를 누적적 이득의 효과, 혹은 마태 효과라고 해. 사회학자 로버트 머튼이 "무릇 있는 자는 받아 풍족하게 되고 없는 자는 그 있는 것까지 빼앗기리라."(마태복음 25장 29절)라는 성경 구절을 이용해 만든 개념이야.

어떤 사람은 아무리 공부를 열심히 해도 성적이 안 나오고 번번이 시험에 떨어져. 반대로 어떤 사람은 열심히 하긴 하지만 짧은 시간 공부해도 결과가 잘 나와. 단순히 집중력의 차이는 아닐 거야. 그런 차이도 있겠지만, 타고난 지능과 재능의 차이를 무시할 수는 없어. 거기에 어려서부터 어떤 습관(공부 습관 등을 포함해서)을 익혀 왔는지도 중요하지. 그렇게 타고난 능력(지능을 포함해서)과 후천적 요인에 따라 부는 다르게 분배될 수밖에 없지. 키, 외모, 지능, 재능, 성격, 건강 등의 유전적 요인부터 부모의 자질이나 경제적 수준 등의 환경적 요인도 대부분 우연으로 결정돼.

거기다 언제 태어나는지도 중요해. 엄청난 성공은 시대적 상황과도 밀접하게 맞물려 있거든. 1975년은 개인 컴퓨터 시대에서 아주 중요한 해로 평가되지. 이 시기에 자신의 전성기를 꽃피울 수 있는 인물들이 컴퓨터 분야에서 큰 성공을 거두었어. 빌 게이츠는 1955년생이지. 1975년에 딱 21살이었던 거야. 빌 게이츠와 함께 마이크로소프트를 공동 창업한 폴 앨런은 1953년생이지. 애플의 스티브 잡스도 1955년생이고, 구글의 CEO 에릭 슈미트도 1955년생이야. 커다란 성공은 사회적 여건과 개인의 조건이 일치할 때 이루어질 수 있지.

어디서 태어났는지도 중요해.

"제 재산은 미국에서 살았다는 사실과 운 좋은 유전자 그리고 복리가 복합적으로 작용한 결과입니다. 저와 제 자녀는 제가 '자궁 속 복권'이라고 부르는 행운의 당첨자였습니다. 우선 제가 출생한 1930년에 미국에서 태어날 확률은 (당시 세계 인구 대비 미국 인구로 보자면) 30대 1이었습니다. 또한 제가 백인 남성으로 태어난 것 역시 당시 많은 미국인이 직면한 높은 장벽을 뛰어넘을 수 있는 요인이었습니다. 미국의 시장 경제 체제에 속한 것도 제 운을 더했습니다. 저는 전투에서 타인의 목숨을 구한 사람에게는 훈장을 수여하고 훌륭한 교사에게는 학부모가 감사 편지로 보답하지만, 적정가를 벗어난 증권 가격을 파악할 줄 아는 사람에게 수십억 달러에 달하는 이득을 안겨 주는 경제 체제에서 생활했습니다. 한마디로 말해 운의 분배는 매우 임의적이라 할 수 있습니다." 미국에서 두 번째로 돈이 많다는 워렌 버핏이 한 말이야.

우리는 동등하게 경쟁한다고 생각하지만, 어디까지나 착각일 뿐이야. 동등한 경쟁 같은 건 없어. 이 세상 어떤 경쟁도 동등할 수 없지. 가진 지능과 재능이 다르고, 부모가 다르고, 받은 교육이 다른데, 어떻게 동등할 수가 있겠어. 이렇게 타고난 능력과 주어진 여건 등은 내가 선택하고 노력한 결과가 아니지. 지능, 재능, 건강과 같은 선천적 능력은 물론이고 가정 환경이나 사회적 여건 등이 내 노력과 상관없이 주어졌다면, 그걸 가지고 우월하다느니 열등하다느니 따지며 차별해선 안 되겠지. 최소한 과거의 신분제 사회를 나쁘다고 생각한다면 말이야. 앞에서 지적한 것처럼 신분제는 결국 타고난 신분, 즉 운이 지배하는 사회였잖아.

2014년 빌 게이츠와 부인 멜린다 게이츠는 스탠퍼드대 졸업식 축사를 함께 했어. 축사에서 멜린다 게이츠는 앞서의 워렌 버핏과 비슷한 말을 남겼지.

"빌은 열심히 일했고, 성공을 위해서 많은 희생을 했다. 하지만 성공에는 또 다른 필수 요건이 있다. 바로 '운'이다. 언제 태어나는지, 부모는 누구인지, 어디서 성장했는지, 그런 것은 우리가 노력해서 성취하는 게 아니다. 우리에게 주어진 것일 뿐이다."

그들이 빌 & 멜린다 게이츠 재단을 설립해 엄청난 돈을 기부한 이유가 이 축사에 함축돼 있지. 지금까지 그들은 무려 40조 원 가까이 기부했어. 워렌 버핏 역시 이 재단에 수십 조를 기부했지. 또한 버핏은 "제 재산의 99% 이상을 살아 있는 동안 혹은 제 사망 시점에 자선 단체에 기부하겠습니다."라고 서약했어. 자신들의 능력과 부富를 오로지 자기가 노력한 결과로 이해하지 않고, 남다른 운과 기회 덕분이라고 생각했기 때문에 가능한 행동들이겠지.

06

GDP가 늘어나면
우리 삶도
나아질 거라는 **생각**

'총합'과 '평균'이 말해 주지 않는 것들

· GDP의 함정

우리는 지금까지 국민 총생산GNP이나 국내 총생산GDP 등 거시적인 지표에 취해 지냈어. 그 숫자를 따져 1인당 얼마가 되느니, 세계 몇 위에 드느니 하면서 가슴 벅차 했지. 잘사는 선진국을 부러워할 때도 그 지표들을 부러워했고. 그런데 GDP가 올라가도 실제 삶이 달라지지 않는다면, GDP가 도대체 무슨 소용이 있을까?

혹시 '정몽준 효과'라고 들어 봤어? 우리나라의 국회의원은 모두 299명이야. 이들은 매년 재산을 공개하고 있지. 그런데 정몽준 의원 한 명이 국회의원이 되느냐 안 되느냐에 따라서, 의원들의 평균 재산이 수십억씩 오르내린다고 해. 정몽준 의원은 현대중공업의 대주주거든. 그가 보유한 주식 가치만 2조 원 가까이 되기 때문에 그래. 생각해 봐. 나머지 모든 의원 재산을 0원으로 잡아도, 정 의원 한 명이 포함되면 국회의원 평균 재산 보유액은 70억 원으로 치솟게 되는 거야. 이런 경우에 1인당 평균값은 아무 의미가 없겠지.

GDP도 마찬가지야. GDP가 늘어나도 소수의 부富만 증가한다면, 그런 성장이 일반 시민의 삶에 무슨 도움이 되겠어. 정몽준 의원 때문에 의원 평균 재산 보유액이 70억 원이 된다 한들, 다른 의원들이 그만큼 부자가 되지 않는 것처럼 말이야.

우리나라의 1인당 국민소득은 2만 달러가 넘어. 1달러를 1000원으로 치면 2천만 원이야. 1인당 소득이 그래. 너희 집이 3인 가구라면 6천만 원, 4인 가구라면 8천만 원의 가구 소득을 번다는 거야. 다들 그렇게 부자였어? 가구 중위소득이라는 게 있어. 전체 가구를 소득 순으로 줄 세웠을 때 한가운데 있는 가구의 소득이지. 2015년 보건복지부에서 내놓은 4인 가구 기준 중위소득은 약 422만 원이야. 1년으로 치면 약 5000만 원 정도지. 아마 이 정도가 현실에 더 가깝지 않을까?

경제 성장을 강조하는 이들은 "밀물이 들어오면 모든 배가 다 같이 떠오른다."고 말해. 그러나 가난한 이들에게는 타고 다닐 배가 아예 없지. 밀물이 들어오면 몸만 젖을 뿐이야. 최악의 경우 물에 빠져 익사할 수도 있어.

대한민국을 100명으로 이루어진 마을이라고 할 때, 오직 한 명만이 부유해지는 성장이라면 나머지 99명은 들러리밖에 안 되겠지. 정말 미안한 얘기지만, 너희 대부분은 앞으로 들러리로 살아가게 될 거야. 저주가 아니라 현실이야. 어차피 주인공 자리는 한 자리밖에 없으니까.

그러니 GDP와 개인의 살림살이는, 전혀 관계가 없는 건 아니지만, 생각보다 헐거운 관계라고 할 수 있겠지. 1인당 GDP 같은 평균값은 99명의 현실에 대해서는 아무것도 말해 주지 않지. 평균에 대해 이야기하는 것은 불평등에 대한 이야기를 회피하는 방법이야. 평균값이라는 것이 갈수록 커지는 불평등을 감추기 때문이지.

우리 삶은 한 편의 연극 무대와 같아. 누군가는 주인공을 맡고, 누군가는 조연이나 단역을 맡지. 사람들의 시선은 온통 주인공에게 쏠려 있어. 하지만 조연이나 단역이 없다면 연극을 무대에 올릴 수조차 없

한국의 1인당 국민소득

20000달러

4인 가구 기준

8000만 원

가구 중위소득

월 422만 원
1년 5000만 원

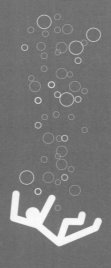

지. 게다가 모두가 무대에 오르는 것도 아니야. 대다수는 관객석에 앉아 있으니까. 주인공이 못 되더라도 다 같이 행복할 순 없을까?

· GDP가 말해 주지 않는 것들

우리는 GDP 자체에 대해 근본적인 의문을 던져 볼 수 있어. 과연 GDP가 우리 삶을 제대로 보여 줄 수 있을까? 경제평론가 이원재는 『이상한 나라의 경제학』에서 GDP와 관련된 흥미로운 사례를 제시하고 있어.

A, B 두 나라가 있어. A 나라에서는 모든 집안일을 가족이 담당해. 다른 사람에게 집안일을 시키면 불법이지. B 나라는 정반대 상황이야. 집안일을 직접 하는 것이 불법이야. 무조건 다른 사람에게 돈을 주고 맡겨야 해. 설령 내가 다른 집의 가사 도우미로 일해서 받은 돈이 다른 사람에게 우리 집안일을 맡기는 데 고스란히 다 쓰이더라도 말이지.

다른 조건이 모두 같다면 어느 나라의 GDP가 더 높을까? GDP는 한 나라 안에서 일정한 기간(보통 1년)에 걸쳐 생산한 모든 물건과 서비스의 값을 더한 수치잖아.

B 나라는 A 나라와 달리 가사 노동이라는 서비스가 가격으로 매겨지겠지. 수많은 가정에서 가사 도우미를 쓰면서 거래가 발생했고, 그 결과 더 많은 소득이 발생했지. 따라서 B 나라가 A 나라보다 GDP가 높을 수밖에 없어. 그 소득이 내가 지불한 가사 도우미의 보수로 다시

나가서 실제로 내 손에 남는 건 하나도 없더라도 말이지.

그럼 질문을 바꿔 볼게. 두 나라 중 어느 쪽이 더 행복할까? 자기 집의 일을 하는 것이 아마도 남의 집 일을 하는 것보다는 더 힘이 나는 일이겠지. 내 아이의 밥을 직접 해 먹이는 일이 다른 집 아이의 밥을 해 먹이는 일보다 더 기쁘고 보람될 테니까.

다른 조건이 모두 같다면, 당연히 A 나라 국민의 행복도가 B 나라보다 더 높을 가능성이 크지. 그러나 이 모든 것은 GDP에 반영되지 않아. GDP는 그저 B 나라의 경제 규모가 A 나라보다 더 크다는 사실만을 말해 줄 뿐이니까. 이처럼 GDP는 구체적인 삶의 실상이나 삶의 질을 반영하지 못해. 구체적인 사례를 볼까. 러시아의 경우에 1인당 GDP는 늘어나는 추세지만, 대표적인 보건 지표인 기대 수명은 별다른 진전이 없는 상태야. 러시아의 평균 수명은 1990년 68.9세에서 2005년 65.4세로 낮아졌지. 2005년에 남성은 60세 이하로 떨어지기까지 했어.(세계은행) 현대 사회에서 평균 수명이 떨어지는 경우는 극히 드물지.

사실 GDP는 여러 한계를 가지고 있지. 먼저 GDP는 행복한 삶을 살아가는 데 필요한 모든 요소를 포함하지 못해. 여가 시간 같은 것 말이야. 두 나라가 같은 시간을 일해서 똑같은 GDP를 달성했다면, 다른 모든 조건이 같을 때 두 나라 국민들은 비슷하게 행복할 거야. 그런데 한 나라가 다른 나라보다 두 배 더 많이 일하고 똑같은 GDP를 달성했다면, 다른 모든 조건이 같을 때 두 나라 국민의 행복도는 다르겠지. GDP는 이런 것들을 반영하지 못해.

행복을 측정하려면 여러 측면이 다양하게 고려되어야 하지. 우선 물질적인 생활 수준이 고려돼야 할 거야. 다음으로 건강, 교육, 일을 포함한 개인 활동, 사회적 관계와 유대, 정치적 자유와 표현의 자유, 자연 환경과 거주 환경 등이 두루 고려되어야 해. 이 모든 측면이 사람들의 행복을 구성하니까. 물질적인 생활 수준만 해도 생산 이외에 소득, 소비, 재산 등 여러 요소가 관련될 수 있어. 그런데 GDP는 물질적인 생활 수준 가운데서도 오직 생산에만 초점을 맞춘 개념이야.(실질 국민 총소득 GNI과 같이 구매력을 측정하는 지표도 있지.)

다음으로 GDP는 외부 효과를 반영하지 못해. 외부 효과란 어떤 경제 활동이 의도하지 않은 혜택이나 손해를 발생시키는 것을 말해. 가령 자동차 회사가 차를 많이 판매하면 배기가스가 늘어나 대기의 질이 나빠지겠지. GDP에는 이런 환경 문제가 전혀 반영되지 않아. 단지 생산되고 판매된 전체 자동차의 총량이 중요할 뿐이야.

자동차는 GDP와 관련해서 여러 가지 생각거리를 던져 주지. 자동차가 많이 생산되고 팔릴수록 교통 체증이 늘어나고 교통사고도 증가할 수 있어. 제도나 의식의 변화가 없다면 자동차 대수가 늘어나는 만큼 교통 체증과 교통사고가 늘어난다고 봐야 해. 그런데 GDP에는 이런 변화가 전혀 반영되지 못하지. 교통사고가 가격 시스템 바깥에 존재하기 때문이야.

그런데 재미있는 사실은 교통사고 증가로 정비소나 병원의 매출이 늘어나면 GDP가 올라간다는 거지. 교통 체증이 심해지고 교통사고가 증가하면 사회 구성원들의 삶이 더욱 불행해지는데, GDP는 반대로 더 올라가는 거야. 게다가 자동차를 생산하기 위해 도입된 자동화 시스템으로 자동차 생산량이 늘어나면 GDP는 올라가겠지만, 노동자의 일자리는 줄어들 수 있지.

마지막으로 GDP는 시장 밖에서 이루어지는 경제 활동을 반영하지 못해. 가령 주부의 가사 노동이나 자원봉사 같은 것들 말이야. 똑같은 일을 해도 채용되어 임금을 받고 하면 GDP에 반영되지만, 무보수로 봉사하면 GDP에 반영되지 못하는 거야. 마트에서 채소를 사다 먹으면 GDP에 반영되지만, 텃밭에서 유기농 채소를 직접 길러 먹으면 GDP에 반영되지 못하지. 가사 노동, 자원봉사, 텃밭 가꾸기 역시 중요하고 의미 있는 일들인데도 말이야.

가사 노동, 돌봄, 양육 등은 우리 사회를 존속시키는 매우 중요한 노동이야. 그러나 시장에서 임금이 지불되지 않는 숨겨진 노동이지. 그래서 사상가 이반 일리치Ivan Illich는 이를 '그림자 노동'이라고 했어. 사실 시장에서 임금이 지불되는 '임금 노동'은 '그림자 노동'이 없다면 존재하기 어려워. 쉽게 생각해서, 노동자가 공장에 나가 열심히 일하려면 쾌적한 주거 공간에서 잘 먹고 잘 쉬어야겠지. 바로 가사 노동 같은 그림자 노동 덕분인 거야.

시장 밖에서 이루어지는 경제 행위를 좀 더 확대하자면 가격이 매겨지지 않는 재화와 서비스에 대해서도 생각해 볼 수 있겠지. 예를 들어 정부가 제공하는 무상 의료 보험 같은 경우 아예 가격 자체가 존재하

지 않아. 그러니까 사회 보장 제도가 잘 갖춰진 나라들의 복지 서비스
와 그에 대한 만족도가 GDP에 전혀 반영되지 못하는 거야.

· GDP를 넘어서

이처럼 GDP는 경제의 질이 아니라 양을 보여 줄 뿐이지. 그렇다고
GDP라는 기준을 당장 폐기하자는 건 아니야. 내가 하고 싶은 말은, 통
계의 한계를 놓치지 말자는 거야. 더 나아가, 그런 한계를 보완할 수 있
는 새로운 측정 도구를 만들 수 있다면 더 좋겠지. 더불어 경제 성장이
정말 우리에게 행복을 가져다주는지에 대해서도 다시 생각해 볼 수 있
을 거야.

"우리가 경제 성과의 측정 방식을 바꾸지 않는 한 우리의 행동은 바
뀌지 않는다."

프랑스의 전 대통령 사르코지가 한 말이야. 2008년 2월, 사르코지
전 대통령은 세계적인 경제학자들에게 GDP를 대체할 새로운 경제 지
표를 개발해 달라고 요청했어. 삶의 질과 행복을 측정할 수 있는 새로
운 지표를 만들어 달라는 요청이었지. 여기에 노벨경제학상을 받은 조
지프 스티글리츠 교수도 참여했는데, 그는 이렇게 말했어. "우리가 무
엇을 측정하는가가 우리의 행동에 영향을 미친다." 조지프 스티글리츠
교수는 앞으로는 분배가 얼마나 잘 되는지, 특히 하위 계층의 삶의 질
이 얼마나 개선되는지에 평가의 초점이 맞춰져야 한다고 주장했지.

이전부터 몇몇 경제학자들은 GDP의 한계를 극복하기 위해 노력해왔어. 대표적으로 미국의 경제학자 토빈과 노드하우스는 1972년 한 연구에서 여가 활동(레저)과 가사 노동의 가치를 GDP에 포함시키고, 통근 같은 비용을 제외시키자고 제안했지. GDP의 한계를 보완하는 여러 지표들도 있어. UN의 인간개발지수HDI라든가 EU의 경제적 웰빙지수IEWB, 지속 가능한 경제복지지수ISEW, 참진보지수GPI, 국민웰빙계정NWBA, 국민 총행복GNH 등이 그것이지.

07

대기업이 잘되면
모두에게 좋을
거라는 **생각**

배부른 주인공, 배고픈 들러리

오늘날 세계적인 기업으로 성장한 대기업들은 대한민국의 대표 선수가 된 듯해. 대기업들은 전 세계를 누비며 태극기를 휘날리고 있어. 삼성 갤럭시가 애플 아이폰의 판매량을 앞지르면 우리 국민은 마치 대한민국이 미국을 앞지른 것처럼 흥분하지. 대기업들이 대한민국을 대표하고, 이들의 성장이 대한민국의 성장이라고 생각하기 때문이야.

삼성전자나 현대자동차가 잘되면 우리 삶도 나아질까? 나아지기는커녕 제자리이거나 뒷걸음질 치는 것 같아. 왜 그럴까?

2011년 삼성경제연구소는 「21세기 한국 기업 10년 : 2000년 vs. 2010년」이라는 보고서를 내놓았어. 보고서에 따르면, 지난 10년 동안 2000대 기업의 매출액은 815조 원에서 1711조로 두 배 넘게 성장했어. 영업 이익률도 6.2%에서 6.9%로 나아졌지.

그런데 그 10년 동안 상위 2000대 기업의 일자리는 2.8%밖에 늘지 않았어. 매출액이 2배 이상 늘었는데, 일자리는 거의 제자리였던 셈이지. 어떻게 매출액이 두 배 이상 늘었는데 일자리는 제자리일 수 있을까? 나날이 발전하는 최첨단 기술과 공장 자동화 덕분에 사람의 손이 덜 필요해진 걸까?

아무리 기술 집약적인 성장을 하더라도 사람을 안 쓸 순 없어. 그렇다면 매출이 늘었다는 것은 더 많은 일손이 필요했다는 건데, 도대체 일자리는 왜 늘지 않았을까? 그 비밀은 바로 '사내 하청'에 있었어. 사내 하청을 통해 정규직 일자리를 전혀 늘리지 않고서도 생산량을 늘릴 수 있었지. 사내 하청이란 회사 안의 작은 회사라고 생각하면 돼.

예를 들어 현대자동차는 2011년 6월 생산직 직원 100여 명을 정규직으로 채용했어. 2005년 이후 6년 만에 처음이었지. 그동안 현대자동차는 정규 생산직 직원을 한 명도 뽑지 않았거든. 그 6년 동안 현대자동차의 매출은 27조 3837억 원에서 36조 7694억 원으로 늘었어. 자동차 생산량은 113만 대에서 186만 대로 늘었지.(「임금 피크제 활성화해야 청년 취업 숨통 틔운다」, 〈조선일보〉, 2011년 8월 8일자)

그러나 정규 생산직 직원은 3만 2000여 명을 그대로 유지했어. 매출액이 10조 가까이 늘고 70만 대 이상의 차를 더 만들었는데, 채용은 한 명도 늘지 않았던 거야. 현대자동차는 필요한 인력을 사내 하청 회사를 통해 채웠지. 2011년 사내 하청 직원은 8000여 명이나 되었지.

현대자동차와 계약한 하청 회사는 현대자동차가 세운 회사가 아니라 별도의 회사야. 현대자동차는 하청 회사와 계약을 하고, 그 하청 회사가 인력을 고용해 현대자동차에 공급하지. 같은 현대자동차에서 똑같은 일을 하는 노동자이지만, 일부는 현대자동차 소속이고 다른 일부는 하청 회사 소속인 거야.

이렇게 같은 공장에서 같은 일을 하지만, 대우는 하늘과 땅 차이야. 사내 하청 노동자의 연봉은 정규직의 70% 정도에 불과하고, 교육비나 주거비 등 사원 복지에서도 차별을 받아. 무엇보다 직업의 안정성이 떨어지는 문제가 있지. 자동차의 판매량이 줄어들면 현대자동차는 하청 회사와의 계약을 해지하거든. 그러면 하청 회사에 소속된 직원은 하루 아침에 일자리를 잃게 되는 거야.

삼성전자 역시 2010년 매출액이 154조 원에서 2013년 228조 원으로 47.9%나 늘었어. 순이익도 16조 원에서 30조 원으로 88.9%가 늘었지. 그러나 같은 기간 정규직 인원은 도리어 362명이 줄었어. 계약직만 36.3%가 늘었지. 정규직은 줄이고 계약직은 늘리고. 대한민국에서 가장 잘나가는 기업에서 벌어지고 있는 일이야. (「삼성·현대차가 고용 늘렸다? "착시 효과"」, 〈프레시안〉, 2014년 4월 7일자)

· 기업의 사회적 책임

그렇다 해도 대기업들이 거둔 막대한 수익은 국내로 유입되지 않냐고? 국내 기업이라고 그 기업이 벌어들인 수익이 모두 국내로 유입되는 건 아니야. 우리는 삼성전자나 현대자동차가 수출을 많이 하고 이익을 많이 내면, 좋은 일자리를 더 많이 만들고 하도급(중소기업이 대기업의 주문을 받아 생산하는 일) 거래를 더욱 많이 늘림으로써 구직자와 중소기업에 도움이 될 거라고 생각해. 그리고 그것이 한국 경제에 이로울 거라고 믿지. 대기업이 국가 경제의 심장으로서 온몸에 혈액을 고루 전달한다고 말이야. 하지만 심장은 우리 몸을 떠난 지 이미 오래됐어.

대기업은 성장을 거듭하지만 좋은 일자리는 늘지 않지. 국내 투자 대신 해외에 공장을 세우고 있으니까. 해외 현지 생산은 국내 일자리 창출이나 부품 수요로 연결되지 않지. 다시 삼성전자를 볼까. 스마트폰을 생산하는 베트남 제1공장에만 4만 5000명이 일하고 있어. 2014년 신축한 제2공장에는 5000명이 일하고 있지. 삼성전자는 베트남 공장에 고용 인원을 계속 늘릴 계획이야. 협력 업체의 직원까지 합치면 고용 인원은 10만 명이 넘어. 반면 삼성 휴대폰 생산의 원조 격인 구미 공장에는 9500명이 일하고 있어.

한국에서 정규직 비율이 제일 높은 기업은 어디일까? 상시 노동자 1만 명 이상인 기업 가운데 정규직 비율이 제일 높은 곳은 놀랍게도 미8군USFK이야. 미8군은 노동자의 97.6%가 정규직이지. 대한민국 땅에서 정규직 비율이 가장 높은 조직이 미8군이라니 좀 씁쓸하지? 2위는 CJ푸드빌로 95.5%가 정규직이지. 반면에 사내 하청 등으로 비정규직을 쓰는 비율이 가장 높은 기업은 대우건설이야. 전체 직원 중 불과 8.2%만이 정규직이지. (「한국에서 정규직 비율 제일 높은 기업? 미8군」, 〈노컷뉴스〉, 2014년 7월 1일자)

뿐만 아니라 기업 수익의 상당 부분이 외국인의 몫으로 돌아가지. 삼성전자의 외국인 지분율은 2014년 50%에 달하고 있어. 삼성의 주주 가운데 절반이 외국인이라는 뜻이지. 즉 삼성전자가 거둔 이익의 절반은 한국 사회의 몫이 아니라는 거야. 게다가 국민 대부분은 그 나머지 주주에도 끼지 못하지. 사실 삼성전자만 그런 것도 아니야. 포스코, KT&G, 현대모비스 등 굵직한 기업들의 외국인 지분율은 50% 내외에 이르지. 1998년 주식 시장이 완전 개방된 뒤부터 외국인 지분율

은 급상승했어. 예를 들어 포스코의 외국인 지분율은 1997년 이전에
는 20.8%에 불과했어. 그러다 2000년 들어 49%로 증가했고, 2004년
에는 무려 66.8%에 달했지.

좋은 일자리를 만들지도 않고, 막대한 영업 이익을 국내에 투자하
지도 않은 결과는 참담하지. 산업 연구원이 발표한 「한국 경제의 가
계·기업 간 소득 성장 불균형 문제: 현상, 원인, 함의」 보고서에 따르
면 2000~2010년 기업 소득 연평균 실질 증가율은 16.4%에 달했어.
이 시기 경제 성장률은 약 4%였지. 같은 기간에 가계 소득은 2.4%
밖에 증가하지 않았어. 기업 소득 증가율은 1975~1997년 고도 성장
기(8.2%)의 정확히 두 배 수준이야. 반면에 가계 소득은 고도 성장기
(8.1%)의 고작 4분의 1 수준에 머물렀지.

이런 불균형은 전 세계에서 한국이 독보적이야. 한국의 기업 소득과
가계 소득 증가율 격차는 OECD 회원국 가운데 헝가리 다음으로 높
아. 경제 성장률 대비 가계 소득의 부진은 OECD 회원국 가운데 가장
두드러지지. 원인은 노동 분배율이 악화된 탓이야. 쉽게 말해 경제가
성장해도 노동자에게 돌아가는 몫이 적다는 뜻이지. 한국 사회가 좋은
일자리를 늘리고 비정규직을 줄이며 최저 임금을 높여야 하는 이유야.

물론 대기업이 우리 사회에 전혀 기여하지 않는 건 아니야. 삼성전자
는 2013년 법인세로 6조 원을 냈어.(이 부분도 따져 볼 게 있어. 이 문제는
잠시 뒤에 살펴볼게.) 기업의 목적은 이윤 추구이고, 이윤을 극대화하는
게 기업 운영의 원리라고 주장할 수도 있어. 비정규직도 그래서 쓰는

가계 소득 부진(경제성장률-가계 소득 증가율)의 국제 비교

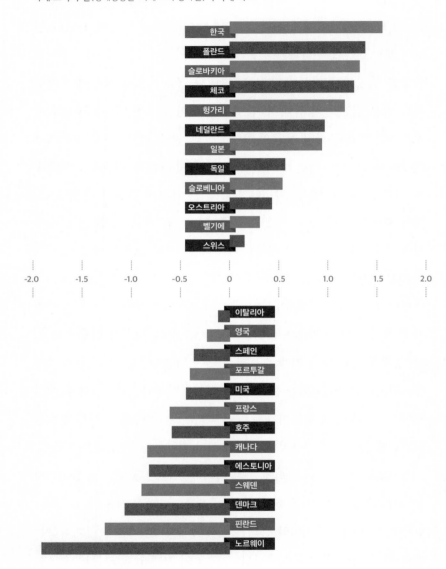

연평균 성장률 기준으로 일본, 스위스는 2000~2009년, 호주는 2000~2008년, 나머지 국가는 2000~2010년간 자료.
자료 : OECD (단위: %)

거고, 해외 투자도 그래서 하는 거겠지. 하지만 이윤을 극대화하고 그에 따른 세금만 잘 내면 기업의 사회적 책임이 끝일까?

대기업이 자선 사업을 해야 한다고 말하는 게 아니야. 대기업을 없애자는 건 더더욱 아니고. 최소한의 사회적 책임을 요구하는 거야. 생산량이나 영업 이익이 두 배로 늘었다면, 최소한 그에 합당한 일자리를 만들어야겠지. 어떻게든 이윤을 더 늘리려고 비정규직만 채용한다면 과연 대한민국을 대표하는, 책임 있는 기업이라고 할 수 있을까? 좋은 일자리를 늘리지 않고 공장을 해외로 옮기는가 하면, 돈을 벌어도 곳간에 쌓아 두기만 하고 영업 이익의 상당액을 외국인이 가져간다면, 기업이 자기 탐욕만 채우는 거겠지. 우리가 탐욕에 눈이 먼 기업을 굳이 지지하고 밀어줄 필요가 있을까?

박원석 정의당 의원에 따르면 삼성전자는 납부 법인세의 86%를 세액 공제로 감면받는다고 해. 삼성전자가 2008~2012년 사이에 부담한 법인세는 7조 8435억 원이었는데, 이중 세액 공제 금액은 무려 6조 7113원에 달했어. 즉 실제로 납부한 법인세는 14%에 불과한 거지. 국민 세금으로 삼성전자의 이익을 보전해 준다는 비판이 나오는 이유야.

· 1명의 행복, 99명의 눈물

만약 대한민국이 100명으로 이루어진 마을이라면, 이 마을 사람들은 어디서 어떻게 살아갈까?

마을 사람들 가운데 일하면서 돈을 버는 사람은 59명이야. 그중 정규직은 29명이고 비정규직은 14명이지. 사업체를 운영하는 자영업자는 16명이야. 통계청에 따르면 2014년 한국 전체 임금 노동자 1877만 명 중 비정규직이 852만 명에 달해. 이들 중 고작 40% 내외만이 국민연금과 건강보험에 가입되어 있지. 2014년 기준으로 비정규직 가운데 38.4%만이 국민연금에, 44.7%만이 건강보험에 가입되어 있어.

29명의 정규직 가운데 삼성전자나 현대자동차 같은 안정적인 대기업에 다니는 사람은 몇 명일까? 1명뿐이야. 단 1명. 그것도 매출액 상위 559개의 기업에 다니는 사람이 그래. 상위 2000개 기업으로 늘려 잡아도, 정규직은 3명에 지나지 않아. 2000개 기업이면 우리가 아는 웬만한 기업이 다 들어가지.

"우리가 잘돼야 마을이 잘살 수 있다."

우리나라 기업들이 입버릇처럼 외치는 말이야. 99명의 마을 사람들이 그 기업들을 응원한 이유지. 정부는 수출 대기업을 육성하고 지원하는 정책을 수십 년 동안 써 왔어. 이른바 트리클 다운trickle down 효과를 기대했거든. 그래서 대기업 하나를 글로벌 강자로 키우는 데 전력투구했지. "그들이 잘돼야 마을이 잘살 수 있다." 정부는 앵무새처럼 그 말을 따라했어. 우리도 소비자로서 한국의 기업들이 만든 제품을 먼저 사 줬지.

그러나 수출이 늘어도 99명의 삶은 제자리일 뿐이야. 99명은 자신의 삶과 관련도 없는 1명을 열심히 응원했지. 바보처럼 말이야. 99명이 잘난 1명을 열렬히 응원한 이유가 뭘까? 1명이 성공을 거두면 성공의 과실이 두루 돌아가리라는 막연한 믿음 때문이었지. 그러나 그것은 헛된 믿음이었어.

주인공만 배부르고, 들러리는 배고프지. 월급은 쥐꼬리만큼 오르고, 그나마도 금세 더 오른 물가에 파묻혀 버리지. 기업은 눈부시게 성장했지만, 99명은 눈물 나게 힘들어. 오늘은 고단하고, 내일은 불안하지.

08

나는 노동자가
아니라는 생각

우리는 왜 노동자에게 부정적일까

· 노동조합은 필요하다

산업혁명 초기에 노동자들은 열악한 노동 조건 속에서 일해야 했어. 살인적인 노동 시간, 열악한 작업 환경, 극단적인 저임금, 끔찍한 아동 노동 등 온갖 문제가 들끓었지. 노동자들은 보다 나은 노동 조건을 쟁취하기 위해 단결했어. 그렇게 탄생한 것이 노동조합이야. 예전에야 노동 조건이 열악했으니까 노동조합이나 노동 운동이 필요했겠지만, 지금은 다르지 않냐고? 과연 그럴까?

영국 경제학자 그레고리 클라크Gregory Clark는 13세기 영국 농노의 연간 노동 시간을 약 1620시간으로 추정했어. OECD 평균 노동 시간(1770시간)과 비교하면 현대인은 중세 유럽의 농노보다도 더 많이 일하고 있는 셈이야. 한국인들은 장시간 일하는 것으로 유명해. 2014년 기준으로 한국 노동자들은 연간 2124시간을 일하지. OECD 평균보다 354시간 더 많아. 세계 2위에 해당하지.

장시간 노동과 생산성 압박은 산업재해로 이어지고 있어. 산업재해로 인한 인적 피해도 상당하지. 한국은 산업재해 사망률이 OECD 회원국 중 1위이며, 10만 명당 사망자 수도 OECD 평균의 3배에 달해. 2014년 산업재해로 사망한 노동자는 1850명에 이르고, 부상자는 9만여 명(사고 재해자 8만 3231명, 질병 재해자 7678명)에 이르지.

설사 보수나 대우가 좋다고 노동조합이 필요하지 않다고 말할 순 없어. 보수를 많이 준다고 자본이 인간적인 건 아니니까. 자본의 본질은 이윤 추구야. 더 많은 이윤을 얻기 위해 언제든 노동자를 희생시킬 수 있는 거지. 예를 들어, 삼성의 반도체 공장은 다른 제조업 공장보다 보수가 더 많아. 그런데 이곳에서 지금까지 확인된 사람만 160여 명이 백혈병에 걸렸어. 그중 70여 명 정도가 사망했고, 나머지는 투병 중이지. 그런데 삼성전자는 제대로 된 보상조차 하지 않고 있어. 그렇게 많은 노동자들이 끔찍한 병에 걸려 죽어 나가는데, 기업이 어떻게 가만히 손 놓고 있을 수 있을까? 삼성은 '무노조 경영'이라고 해서 아예 노동조합이 없는 기업이야.

노동조합은 노동자를 대표해 회사의 노동 착취나 부당 행위를 감시하고 방지하지. 근로 환경이나 임금 등을 회사와 협상하는 주체도 노동조합이야. 만약 회사가 계속 잘못을 저지르거나 회사와의 협상이 결렬되면, 최후의 수단으로 파업을 벌이기도 하지. 파업은 헌법이 보장하는 노동자의 권리야. 노동법에서는 파업 등의 단체행동권을 최후의 수단으로서 인정하고 있어. 노사가 성실히 협상했음에도 타협점을 찾지 못할 때, '노동 쟁의'가 발생했다고 하지. 노동 쟁의 상태에 이르렀다고 곧바로 파업인 건 아니야. 노동 쟁의 상태에서 파업을 하려면 조정 절차를 거쳐야 해. 일반 사업장은 10일, 철도나 병원 등의 공익 사업장은 15일 동안 조정 절차를 거치지. 제3자 내지 공익 차원의 개입을 통해 조정안을 제시하는 거야. 그래도 노사 모두가 동의하지 못한다면 더 이상 해법은 없지. 노동조합의 파업 찬반 투표에서 과반수가 찬성하면 합법적인 파업을 할 수 있어.

중세 유럽의 농노 노동 시간
연간 **1620시간**

OECD 국가 평균 노동 시간
연간 **1770시간**

한국 노동자 노동 시간
연간 **2124시간**

이렇게 법에 정해진 절차와 규정을 따랐는데도, 무조건 '불법' 운운해서는 안 되겠지. 그러나 현실에서 노동조합이나 파업 등은 대단히 부정적으로 여겨지지. 불법 파업! 우리는 파업, 하면 으레 불법을 떠올려. 마치 파블로프의 개처럼 말이야. 만약 그렇게 생각하지 않는 사람이 있다면, 그 사람은 사회의식이 매우 뛰어난 거야.

물론 파업이 진짜로 '불법'이 되는 경우도 분명 있지. 가령 폭력 행위를 동반하는 파업은 불법이야. 하지만 그때도 왜 그런 극단적인 상황까지 치닫게 되었는지 헤아릴 필요가 있어. 노동조합이 수차례 대화와 협상을 요구했음에도 회사가 일방적으로 교섭을 거부하거나, 정부(더 정확히는 경찰)와 기업이 암묵적으로 짜고 폭력 사태가 벌어지도록 자극하기도 하니까. 가령 파업 현장에 경찰 병력을 투입하는 식으로 말이야.

파업이 누군가에게 불편을 주거나, 파업의 무질서가 보기 안 좋을 수도 있어. 그러나 프랑스의 소설가 알베르 카뮈는 이렇게 말했지.

"우리는 사회 불의보다 차라리 무질서를 택해야 한다."

즉 사회 정의가 무질서에 우선한다는 거야. 좀 무질서하더라도, 사회 정의를 위해 참을 필요가 있다는 거지.

· 파업을 보는 부정적인 시선

파업을 하면 언론에는 어김없이 '볼모로'라는 표현이 등장해. 여기서 볼모는 인질이라는 뜻이야. 언론은 의료계의 파업에 대해서는 '국민의 건강을 볼모로'라고 비난하고, 버스나 지하철 등 대중교통의 파업에 대해서는 '시민의 발을 볼모로'라고 공격하지. 또 산업 현장의 파업에 대해서는 '국가 경제를 볼모로'라고 손가락질해. 이런 식이라면 모든 파업을 '~을 볼모로'라고 비난할 수 있겠지. 실제로 그렇게 하고 있어.

우리는 왜 파업이나 노동조합에 대해서 부정적일까? 여러 이유가 있겠지만, 크게 세 가지 측면이 중요해.

먼저, 불편하기 때문이지. 철도 노조나 버스 노조가 파업을 하면 당장 교통이 불편해지잖아. 하지만 다른 누군가에게 불편을 끼치지 않는 파업은 없어. 파업이란 노동자들이 일손을 놓고 실력을 행사하는 행위니까. "우리가 일하지 않으니까 공장 가동이 멈추지 않는가, 사용자(즉 사장)가 벌어들이는 돈도 우리의 노동에서 나오는 것이다, 그러니 우리의 요구를 들어 달라." 노동자들은 그렇게 자신들의 의사를 표현하는 거야. 따라서 파업은 누군가에게 피해를 주고 불편을 끼칠 수밖에 없어. 노동자는 기업이나 사용자보다 힘이 약하지. 헌법과 법률이 노동자들의 권리를 보장하는 이유야. 노동자들이 가진 힘은 법이 보장한 권리에 따라 단체로 파업하고 시위하는 것밖에 없어.

홍세화가 『쎄느강은 좌우를 나누고 한강은 남북을 가른다』에서 소개한 프랑스의 사례를 살펴볼까? 1995년 11월 파리의 대중교통이 완전히 멈춰 버렸어. 2주 넘게 단 한 대의 시내버스도, 단 한 차량의 지하철도 운행되지 않았지. 자동차의 홍수. 총연장 500킬로미터 이상 막히는 신기록. 평소 출퇴근 합쳐 1시간 30분이면 충분하던 통근길이 무려

5~6시간이나 걸리게 되었지. 파업이 장기화되면서 시민들의 불평과 불만의 소리가 높아졌어. 그런데 모든 불평이 파업 노동자들을 향한 것은 아니었지.

"불편하지요. 하지만 나는 파업 노동자들을 100% 지지하고 있습니다." 공영방송인 프랑스 제2텔레비전에 비친 한 중년 부인은 웃으면서 이렇게 말했어. 그녀의 웃음은 파업 노동자들에 대한 프랑스 국민들의 연대감을 잘 보여 주지. 당장 불편하다고 파업에 반대한다면 그 반대의 목소리가 나중에 자신한테 돌아온다는 사실을 그들은 잘 알고 있었어.

둘째로, 기업의 눈으로 세상을 이해하기 때문이지. 서민들이 왜 기업의 관점에서 세상을 바라보는걸까? 다들 대기업 회장 친척이라도 둔 걸까? 그럴 리는 없고, 기업이 잘되면 국가가 잘된다고 믿기 때문이지. 그래서 다들 대기업 편에 서는 거야. 물론 전혀 이해 못 할 바는 아니야. 대기업이 대한민국 경제의 견인차 역할을 해 온 건 사실이니까. 다만 대기업이 성장할 수 있도록 국가도 적극적으로 지원했지. 게다가 시민들도 물심양면으로 열심히 성원해 줬고. 대기업이 성장하면 우리 살림살이도 나아질 거라고 믿으면서 말이야. 그런데 어느 순간부터 그 믿음이 흔들리기 시작했어. 이 문제는 앞에서 다뤘으니까 이해가 될 거야.

마지막으로, 자영업자가 너무 많다 보니까 노동자의 입장을 이해하지 못하지. 우리나라에 자영업자가 얼마나 많을까? 통계청 자료에 따르면 15세 이상 한국인 100명 가운데 16명은 자영업자이거나 자영업자와 함께 일하는 무급 가족 종사자야. 무급 가족 종사자란 쉽게 말해 아빠 명의로 빵집을 하고 있다면 빵집을 함께 운영하는 엄마나 자식을 가리키지. 가족들은 다른 직원들처럼 월급을 받으면서 일하는 게 아니잖아. 그래서 '무급' 가족 종사자라고 부르는 거야.

자영업자가 전체 취업자 가운데 차지하는 비중은 2008년 31.3%였어. 얼마나 많은지 모르겠지? 미국은 7%, 프랑스는 9%, 일본은 13%에 불과해. 어때? 다른 선진국들에 비해 한국이 훨씬 많지. 경쟁이 치열할 수밖에 없는 이유야.

빵집이나 옷가게 등을 소매업으로 분류해. 한국의 소매업체는 인구 1000명당 12.7곳이 있어. 미국은 3.2곳이 있지. 그러니까 우리가 인구 대비 4배나 더 많은 거야. 우리 주변에서 흔히 볼 수 있는 치킨집이나 고깃집을 예로 들어 볼까? 한국의 음식점은 인구 1000명당 12.2개야. 반면에 일본은 5.2개, 미국은 1.8개밖에 안 되지. 음식점의 경우 한국이 인구 대비 일본의 2.4배, 미국의 7배에 이르지. 경쟁이 치열하다 보니 동네 치킨집이나 고깃집은 한 달이 멀다 하고 새로 생기고 바뀌지. 가게를 열고 3년 안에 폐업하는 음식점이 절반이 넘어. 매년 문을 여는 가게 수만큼 문을 닫는 상황이지.

중소기업청 조사에 따르면 2010년 전체 소상공인 가운데 월 매출이 400만 원 이하인 곳이 58%였어. 임대료 등을 빼고 순이익만 따지면 149만 원이야. 순이익이 100만 원 미만인 업체도 절반이나 됐지. 그런데도 적지 않은 50대 이상이 자영업에 뛰어들고 있어. 사지死地임을 알면서 전쟁터로 뛰어들 수밖에 없는 군인과 같지. 안타까울 따름이야.

많은 50~60대들이 퇴직금에 그동안 저축해 둔 돈을 보태 장사를 시작해. 그리고 얼마 지나지 않아 쫄딱 망하지. 창업 전문가들은 준비 부족 때문이라고 질타하지만 준비 부족을 타박하기에는 우리의 현실이 너무 녹록치 않아. 자영업자가 이렇게 많은 상황에서는 웬만큼 준비해선 당해 낼 재간이 없어. 망할 줄 알면서도 장사를 하는 이유가 뭘까? 안정적인 일자리를 찾기 어렵기 때문이야.

· 우리는 노동자다

만약 자신도 노동자라면, 자신도 노동조합에 속해 있다면 노동자 편에서 생각할 수 있지 않을까? 그럴 것 같지만, 노동자라고 해서 반드시 노동자 편에 서는 건 아니야. 앞의 세 가지 이유 때문에 한국 사회에서 많은 노동자가 스스로 반反노동자 의식을 가지고 있지. 이게 왜 비극일까?

가령 학생들을 마구 때리고 학대하는 학교가 있다고 해 봐. 그런데 학생들이 "학생들이 맞을 짓을 했으니까요." 하면서 학교의 입장에서 이를 받아들이면 어떻게 될까? '사랑의 매'라는 이름 아래 체벌은 사라지지 않고, 학생들의 처지도 나아지지 않겠지. 청소년 인권은 청소년 스스로 문제의식을 가지고 요구할 때 보장되고 신장될 수 있어. 어떤 권리이든 그 권리의 보장 수준이 높아지려면 권리의 주체가 '권리를 위한 투쟁'(루돌프 폰 예링)에 나서야만 해.

세상에 완전무결한 사회는 없어. 조금씩 문제를 고쳐 가면서 더 나은 사회를 만들어 가는 거지. 그런데 문제를 해결하려면 문제를 문제로 정확하게 인식해야 해. 노동자라면 노동자의 입장에서 기업과 정부의 문제를 바라볼 수 있어야겠지. 그게 문제 해결의 시작 아니겠어?

"당신은 노동자인가요?"

이렇게 물으면 선뜻 그렇다고 대답하는 사람이 많지 않지.

"글쎄 노동자인가?"라고 되묻거나 "생각해 본 적 없어요."라고 대답해.

보통 육체노동자 혹은 생산직 노동자(공장에서 일하는 노동자)만을 노동자라고 생각하는 경향이 있어. 이런 생각은 노동자를 천시하는 관행으로 나타나지. 심지어 예전에는 생산직 노동자를 '공돌이, 공순이'라고 비하해 불렀어. 그러나 우리는 대부분 노동자이거나 노동자의 자식이야. 나중에 너희 자식들 역시 대부분 노동자로 살아갈 테고. 자영업자라 해도 자식은 노동자이거나 가까운 친척 중에 한 명은 노동자가 있겠지. 2011년 통계청 발표에 따르면 일하는 사람 10명 중 7명이 노동자, 즉 임금 노동자야. 그러니까 기업이든 학교든 가게든 다른 사람에게 임금을 받고 일하는 사람은 모두 노동자라 할 수 있어.

사무실에서 일하는 이들을 흔히 관리자라고 부르지만, 이들도 예외 없이 노동자야. 단지 노동의 성격이 다를 뿐이지. 육체노동이냐 정신노동이냐의 차이 말이야. 그래서 블루칼라 노동자와 화이트칼라 노동자로 구분하는 거야.

우리는 대부분이 노동자이면서도, 노동자의 권리에 무관심하고 노동자로서의 의식에 무지하지. 기업 중심의 반反노동자 의식을 내면화하고 있는 거야. 불법 노조, 불법 파업, 귀족 노조……. 학교도 그렇게 가르치고 미디어도 그렇게 얘기하니까 다들 기업의 편에 서는 거야. 일하는 사람 다수가 노동자인데도, 사회와 학교가 노동자에 대한 부정적인 의식을 심어 주고 있는 거지.

2012년 노동부와 교과부가 한국직업능력개발원과 공동으로 고등학교 교과서 7개 과목 16종을 분석했어. 그 결과 직업에 대한 왜곡된 생각을 심어 주는 표현이 상당수 발견됐지. 단순 노무직, 판매직, 기능직 등에 대한 기술記述이 적을 뿐더러 부정적 묘사가 많았어. 예를 들어 무거운 짐을 지고 있는 사람의 그림과 함께 "중학교밖에 못 나왔으니…… 이런 일밖에 못하네."라고 기술한 부분까지 있었지.

그러나 대부분의 선진국에서는 제도권 교육 과정에서 노동 교육을 실시하고 있어. 초등학교에서부터 노동의 가치와 중요성, 노동자의 권리, 노동조합의 필요성 등을 배우지. 체험 활동으로 노조를 방문해서 노조가 왜 필요한지, 무슨 일을 하는지 등을 배우기도 해.

당장은 파업 때문에 불편을 겪을 수 있어. 환경미화원들이 파업을 하면 집 앞에 쓰레기가 쌓일 테고, 철도 노동자들이 파업하면 지하철 운행이 멈출 테니까. 눈앞의 작은 이익을 따지면 누군가의 파업은 불편과 피해를 주는 것 같지만, 멀리 내다보면 그렇지 않다는 사실을 알 수 있지. 한 분야에서 노동 조건이 나아지면 그걸로 끝이 아니라, 그것이 새 기준으로 자리 잡아 다른 분야에도 영향을 미치기 때문이야. 결국 파업을 통해 누군가의 노동 조건이 나아지면 다른 이에게도 이익이지. 반면에 다른 노동자들이 파업할 때 던진 싸늘한 시선과 늘어놓았던 불평은 돌고 돌아 언젠가 내가 파업할 때 부메랑으로 돌아올 수 있겠지. 우리가 크게 보고 또 멀리 봐야 하는 이유야. 사회 정의를 위해 교회의 책임과 적극적인 참여를 역설했던 신학자 마르틴 니묄러는 다음과 같은 시를 남겼어. 이 시는 우리가 왜 연대하며 살아야 하는지 깨닫게 하지.

그들(나치)이 처음 공산주의자들에게 왔을 때
나는 침묵했다
나는 공산주의자가 아니었기에
그들이 사회민주당원에게 왔을 때
나는 침묵했다
나는 사회민주당원이 아니었기에
그들이 노동조합원들에게 왔을 때
나는 침묵했다
나는 노동조합원이 아니었기에
그들이 유대인을 덮쳤을 때
나는 침묵했다
나는 유대인이 아니었기에
그들이 내게 왔을 때,
그때는 더 이상 나를 위해 말해 줄 이가
아무도 없었다

09

청년 실업은
청년들만의 문제
라는 **생각**

십장생, 이태백, 삼팔선의 현실

우리 사회에는 투명 인간들이 있어. 분명 사회에 존재하는데, 국가가 아예 없는 것처럼 취급하는 사람들이지. 대표적인 투명 인간이 바로 백수야. 많은 백수들은 국가의 실업자 통계에 잡히지 않는, 그래서 한없이 투명한 사람들이지.

가령 서울대를 나온 어떤 사람이 있다고 해 봐. 그는 대학원 석사까지 졸업했어. 해외로 유학을 가려고 준비하다가 중도에 포기하고, 잠깐 박사 과정을 밟다가 미래가 안 보여 그만뒀지. 그리고 여러 번 입사 원서를 넣었는데, 원하는 곳에는 들어가지 못했어. 눈높이를 조금 낮춰 지원해도 마찬가지였지. 대학원을 마치고 유학 준비까지 하느라 나이가 든 탓이었지. 편의점 같은 데서 아르바이트를 하기에는 가방끈이 너무 길어. 그래서 지금은 부모님이 운영하는 가게 일을 가끔 봐 드리지. 물론 보수를 따로 받진 않고.

자, 이 사람은 실업자일까, 아닐까? 누가 봐도 백수잖아. 그래서 실업자 같은데, 공식적으로는 실업자가 아니야. 이상하지? 이런 이상한 일 때문에 더 이상한 일이 벌어지지.

OECD가 펴낸 「한눈에 보는 사회 2014」 보고서에 따르면 한국의 실업률은 세계에서 가장 낮았어. 2013년 2분기 기준으로 3.3%를 기록했지. 거의 완전 고용에 가까운 수치야. OECD 평균이 9.1%이지. 표만 보면 한국은 더없이 살기 좋은 나라처럼 보이지. 한국의 청년들도 잘 살고 있는 것 같고. 그런데 이상하지 않아? 주위를 둘러보면 실업자가 넘쳐나잖아.

국가	그리스	이탈리아	프랑스	미국	호주	일본	한국	OECD 평균
실업률	27.9	12.3	10.2	7.6	5.8	4.3	3.3	9.1

자료: OECD 「한눈에 보는 사회 2014」 보고서(2013년 기준, 단위: %)

고용률을 보면 더 이상해. 고용률은 전체 인구에서 일하고 있는 사람이 얼마나 되는지를 나타내는 지표야. 군인과 감옥에 갇힌 재소자를 제외한 15~64세까지의 전체 인구를 생산가능인구라고 해. 생산가능인구 중에서 실제로 고용되어 일하는 사람들의 비율을 나타내는 게 고용률이지. 고용률은 실업률 통계에서 제외한 학생, 주부, 취업 준비생, 구직 단념자 등을 모두 포함하기 때문에 실질적인 일자리 현황을 가늠하는 데 유용하지.

한국의 고용률은 64.4%로 OECD 평균인 65.2%보다 낮아.(2013년 기준) 청년 고용률로 가면 상황은 더 안 좋지. 2012년 기준으로, 우리나라 청년 고용률은 40.4%였어. OECD 회원국의 청년 고용률은 대개 50% 이상을 유지하고 있어. 캐나다는 63.2%, 영국은 60.2%, 독일은 57.7%였으며, 네덜란드와 스위스는 70%에 육박했지. 이들 나라가 우리보다 20%에서 많게는 30% 가까이 높은 거야. 2014년에는 우리나라의 15세에서 29세까지 청년층 고용률이 39.5%에 불과했어. 다시 말해 청년 10명 가운데 일하는 사람이 4명에 불과하다는 거야.

실업률이 최저이면서 고용률도 아주 낮은 사회. 언뜻 보면 앞뒤가 안 맞지. 실업률이 낮다는 건 그만큼 실업자가 적다는 거고, 당연히 고용되어 일하는 사람이 많다는 뜻이니까, 실업률이 낮으면 고용률은 올라가야 정상이잖아. 그렇다면 우리는 왜 거꾸로일까? 실업률 통계에 심각한 허점이 존재하기 때문이야.

실업률은 경제 활동이 가능한 인구 중에서 실업자가 차지하는 비율을 가리키지. 만 15세 이상의 국민 중에서 실제로 일하고 있는 사람과 취업할 의사가 있어 구직 활동을 하고 있는 사람을 합쳐 경제활동인구라고 해. 이런 경제활동인구 중에서 실업자의 비율을 나타낸 게 실업률

OECD 주요국 청년(15~29세) 고용률

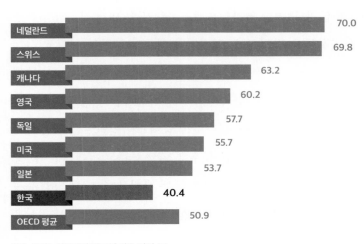

네덜란드	70.0
스위스	69.8
캐나다	63.2
영국	60.2
독일	57.7
미국	55.7
일본	53.7
한국	40.4
OECD 평균	50.9

자료: OECD, 한국은행(2012년 기준, 단위: %)

이야.

　문제는 전체 인구에서 경제활동인구를 제외한 비경제활동인구 중
실업자에 준하는 사람들이 다수 포함된다는 거지. 대학을 나와서 공
무원 시험을 준비하거나(공시족) 취업 준비를 하는 20대 청년들(취준
생), 새로운 직장을 구하기 위해 잠시 일을 쉬고 있는 30대 전직 희망자
들이나 가사·육아 종사자들, 명예퇴직을 하고 재취업을 원하지만 마
땅한 일자리가 없어 구직을 포기한 40~50대 중장년층들, 이들 모두
가 비경제활동인구로 분류돼 실업 통계에서 빠지지. 특히 고학력자 비
경제활동인구가 전체 비경제활동인구에서 차지하는 비중은 2000년
11%(159만 2000명)에서 2013년 19%(307만 8000명)까지 상승했어. 실
제로는 죄다 백수들이지만, 실업률 통계에는 전혀 반영되지 않는 거야.

　더욱이 취업자로 분류되는 사람들 중에도 고용 상태가 불완전한 경
우가 상당히 많지. 변변한 일자리를 못 구해 가족, 대개 부모님이 운영
하는 가게에서 돈을 받지 않고 일하거나 일주일에 한두 시간 일하는
사람들도 통계상으로는 엄연히 취업자에 속하거든. 어쨌든 놀지 않고
일하고 있는 거니까 말이야. 한국은 구미의 선진국들과 비교해서 무급
無給 가족 종사자와 같은 무급 근로자 비중이 매우 높은 편이지. 게다
가 한국인의 체면 의식도 실업률 통계에 혼선을 주고 있어. 체면을 중
시하다 보니 실업 통계 조사 때 실업자라는 사실을 숨기는 거야. 유사
실업자들이 자신을 취업자나 비경제활동인구로 밝히면서 착시 현상을
불러일으키지.

2014년 5월 18일 통계청이 '사실상 실업자'를 발표했지. 공식 실업자 통계는 103만 명이었지만, 사실상 실업자는 316만 명에 달했어. 공식 실업자 통계에서 제외되는 취업 준비자, 불완전 취업자, 구직 단념자 등을 모두 포함한 숫자야. 공식 통계상의 실업률은 3%를 조금 넘지만, 사실상 실업자 300만 명을 토대로 산출한 실업률은 11.1%였어. 공식 실업률의 무려 3배가 넘는 수치지. 이게 진짜 현실의 모습이야.

그래서 이태백, 삼팔선, 사오정, 오륙도 같은 신조어들이 계속 생겨나고 있지. 20대는 알바를 전전하는 '이태백(이십대 태반이 백수)'이고, 30대는 회사에서 잘리고 빈둥거리는 '삼팔선(38세까지만 직장에서 일할 수 있음)'이야. 40대는 정리해고에 시름겨운 '사오정(45세에 정년)'이고, 50대는 눈치 보며 직장을 다니는 '오륙도(56세에도 직장을 다니면 도둑놈)'이지. 심지어 '십장생(십대도 장차 백수가 될 것을 생각해야 한다)'이나 '십오야(15세만 되면 눈앞이 밤처럼 캄캄해진다)' 같은 말들도 있어. 청년 실업의 고민이 20대에서 10대로 옮겨 온 거야. 십대가 자신의 미래에 대해서 고민하는 거야 당연하지만, 진로나 적성이 아니라 취업을 걱정한다는 것은 비정상적이지.

· 실업이 눈높이 탓이라고?

상황이 이런데도, 기성세대는 취업하려면 눈높이를 낮추라고 해. 예전에 이명박 대통령이 자주 했던 말이지. 20대 청년들의 눈높이가 높은 게 문제의 핵심일까? 눈높이를 낮추라는 요구에는 실업 문제를 단순히 개인의 선택 문제로 바라보는 시각이 깔려 있어. 과거의 취업 문제가 자기가 원하는 직장에 들어가느냐의 문제였다면, 지금은 직장을 구할 수 있느냐의 문제야. 대기업은 물론 어느 정도 이름 있는 중견 기업 취업도 만만치 않은 현실이니까. 따라서 "눈높이를 낮춰라."나 "더 열심히 준비해라." 같은 말들은 공허하고 무책임할 뿐이야. 그렇게 함부로 말하는 기성세대는 청년 실업 문제를 지나치게 안일하게 바라보고 있는 거지.

물론 그들의 주장이 완전히 틀린 건 아니야. 실제로 많은 중소기업들이 구인난을 겪고 있는 것도 사실이니까. 그러나 그들의 주장은 현실을 무시하고 있어. 대학 진학률 83%, 연간 대학 등록금 1000만 원이라는 20대가 처한 현실 말이야. 우선 대학 진학률은 83%이지만, 실제 대학 이수율은 66%야. 다시 말해, 중간에 학업을 포기하는 이들이 꽤 있다는 뜻이지. 그럼에도 대학 이수율이 OECD 회원국 가운데 가장 높은 편이야. OECD 회원국의 평균 이수율은 39%에 불과하지. 또한, 우리나라 사립대, 국립대 등록금은 미국에 이어 두 번째로 높아. 하지만 정부가 대학 교육에 부담하는 예산은 GDP의 0.6%에 불과하지. 그러니까 교육비의 대부분을 교육 수요자가 부담하는 상황이야.

기성세대가 젊었을 때와 지금은 상황이 완전히 다르지. 그때는 경제가 눈덩이처럼 커지던 시절이라 좋은 일자리가 계속 늘어났어. 한마디로 고도성장의 시기였어. 교육과 직업을 통해 안정되고 더 나은 삶을 추구할 수 있었지. 또, 대학 나온 사람이 많지 않았어. 그래서 대학 졸업장만 가져도 쉽게 취업할 수 있었지. 당시에는 '청년 실업'이라는 단어 자체가 낯설었어. 하지만 지금은 그렇지 않지. 경제 성장은 더딜뿐더러 일자리도 제자리걸음이야. 게다가 해마다 어마어마한 대학 졸업자가 사회로 쏟아져 나오고 있어.

자신이 받은 교육 수준에 합당한 일자리를 요구하는 이들에게 눈높이를 낮추라고만 하는 건 온당하지 않지. 고가의 등록금을 내고 고등교육을 이수한 대학(원) 졸업자가 바라는 일자리 수준은 상대적으로 높을 수밖에 없어. 연간 1000만 원에 달하는 대학 등록금을 짧게는 2년에서 길게는 5년씩이나 냈잖아.(요즘에는 취업 때문에 졸업을 미루고 학교를 더 다니는 학생들도 있으니까 말이야. 졸업 유예 학생들에게 강의 수강을 의무화하여 수강비를 받거나 졸업 유예 비용을 징수하는 대학들 때문에 학생들은 취업난과 경제난의 이중고에 시달리고 있어.) 대학 입시 경쟁은 또 얼마나 치열해. 2013년 지출된 사교육비만 무려 18조 6천억 원이었어. 국내총생산 대비 사교육비가 2.8%로 OECD 국가 중에서 압도적인 1위였지. 대학 등록금은 또 얼마나 비싸. 2013년 한국 대학생의 절반이 넘는 160만 명이 받은 학자금 대출 총액이 10조 원을 넘어섰어.

대학에 들어와서도 학점 관리, 영어 점수, 각종 자격증 때문에 눈코 뜰 새 없이 바쁘지. 또 돈은 돈대로 들어가고. 대학 등록금 말고도 각종 학원비, 과외비로 말이야. 취업을 위해 엄청난 스펙 경쟁을 하고 있으니까. 우스갯소리로 단군 이래 최대의 스펙을 자랑하는 세대라고 하잖아. 취업 3종 세트(학벌, 학점, 영어), 취업 5종 세트(3종 세트+자격증, 어학연수), 취업 7종 세트(5종 세트+공모전, 인턴십) 등이 횡행할 정도야. 취업을 하기 위해 갖춰야 할 기본 스펙 세트야. 심지어 취업 9종 세트도 있어. 앞의 것들에 더해 자원봉사와 성형 수술이 추가되지. 우리 사회에서는 얼굴도 스펙이니까.

대학에 들어오기 전까지 엄청난 사교육비를 쓰고, 대학에 들어와서도 또 다시 사교육비를 쓰고, 거기다 어학연수도 다녀와야 하고, 지방에서 올라온 학생들은 생활비까지 별도로 들지. 20대 청년들이 받은 교육과 투자한 비용을 고려한다면 그들이 양질의 일자리를 바라는 것을 과도한 욕심으로만 볼 수 없어. 모두가 대기업만 바라는 건 아니겠지만, 어느 정도 안정적이고 수입이 보장되는 일자리를 원하는 건 당연해.

물론 지금 당장은 좋은 일자리가 넉넉하지 않으니까, 눈높이를 조금 낮춰서 취업부터 하고 경력과 경쟁력을 키운 다음에 더 나은 직장으로 옮기라고 충고할 수도 있겠지. 그런데 문제는 질 낮은 일자리는 질 좋은 일자리로 건너가는 징검돌이 되기보다 걸림돌이 되기 십상이라는 거야. '생애 첫 직장'이 점점 더 중요해지는 이유지. 동시에 청년들이 쉽사리 눈높이를 낮추지 못하는 이유이기도 해. 중소기업에서는 '급여 및 복리 후생에 대한 불만'으로 이직률이 매우 높은 실정이지.

국회의 「고령화가 근속 및 연공임금체계에 미치는 영향과 시사점」이라는 보고서에 따르면, 2010년 기준으로 한국 노동자의 평균 근속 시간은 5년으로 OECD 회원국 가운데 가장 낮은 수준이었어.(독일 11.2

년, 프랑스 11.7년) 노동자 가운데 1년 미만 초단기 근속자 비중에서도 한국은 37.1%로 일본(7.3%)의 5배, 미국(19%)의 2배에 달했지. 하지만 그렇게 그만두고 이직한 직장이라고 더 좋을 리 없지.

따라서 기성세대는 눈높이를 낮추라고 요구할 게 아니라 질 좋은 일자리를 늘릴 방법을 고민해야 해. '청년 실업'이 지금처럼 심각하지 않던 시절의 자기 경험에서 벗어날 필요가 있지. 눈높이를 낮추라던 이명박 전 대통령은 충분히 고민하고 노력했을까? 그의 재임 기간 동안 청년 실업률은 거의 개선되지 않았지.

10

경제적 보상만이
인간을 움직인다는
생각

시장 규칙을 배반하는 공짜의 가치

· 보상이 전부는 아니다

우리는 보상의 차이가 없다면 열심히 일하지 않을 거라고 생각하지. 그런데 꼭 그렇지는 않다는 증거들이 속속 발견되고 있어. 가령 실적에 대해 아무런 인센티브를 제공하지 않고 균등한 임금을 지급하면 어떻게 될까? 직원들의 사기는 꺾이고 생산성이 떨어지게 될까? 만약 우리가 더 나은 보상에 의해서만 움직인다면, 인센티브가 주어지지 않을 때 열심히 일하지 않을 거라고 추측할 수 있겠지. 하지만 실제로 한 연구에서 균일 임금 체계가 회사의 공식 방침일 경우, 사람들은 성과급 제도일 때와 마찬가지로 똑같이 일을 잘했어. 하버드대학의 요차이 벤클러 교수가 쓴 『펭귄과 리바이어던』에 소개된 내용이야.

2009년 마이크로소프트사는 무려 16년 동안 공들인 인터넷 백과사전(MSN 엔카르타Encarta) 사업을 중단해야 했어. 16년 동안이나 공들인 사업을 중단한 이유는 위키피디아Wikipedia의 출현 때문이었지. 위키피디아는 네티즌들이 자발적으로 참여해 만드는 온라인 사전이야. 누구든지 지식과 정보를 올릴 수 있고, 기존에 등록된 지식과 정보를 수정하거나 보완할 수도 있지. 예전에는 사람들이 아무런 대가도 없이 결과물을 내놓으리라고 상상하기 어려웠어. 하지만 오늘날에는 많은 분야에서 무료 소스가 공개되고 있지.

하버드 경영대학원의 카림 라카니 교수가 공개 소스 개발자 684명을 조사 연구한 바에 따르면, 이들은 자신들의 활동 동기로 다음 세 가지를 중요시했어. 일할 때 느끼는 즐거움과 몰입, 사회에 대한 책임감, 그리고 보수. 다시 말해 보수가 중요하지 않은 건 아니지만, 일 자체의 즐거움과 사회에 봉사한다는 자부심 역시 주요한 동기로 작용한 거야. 즐거움과 자부심(책임감, 의미 추구 등)은 자발성에 속하는 내적 동기지. 반면에 경제적 보상이나 권력, 명예 등은 외적 동기로 볼 수 있어.

그렇다면 내적 동기인 자발성과 외적 동기인 보상 중 어느 것이 더 중요하게 작용할까? 이와 관련된 흥미로운 실험이 있어. 이스라엘에서는 기부의 날에 학생들이 동네를 돌아다니면서 기부금을 모금하지. 모금 활동에 금전적인 대가를 지불하면 동기가 더 부여될지 실험해 봤어. 우선 학생들을 세 집단으로 나눴지. 그리고 A그룹에는 기부 활동의 중요성만 설명해 주고, B그룹과 C그룹에는 같은 설명을 한 다음 B그룹에는 모금액의 1%를, C그룹에는 10%를 보상으로 돌려주겠다고 했어. 즉 금전적 보상을 제안한 거야.

우리의 상식에 따르면 보상이 주어지면 더 열심히 활동할 것 같지. 그런데 결과는 정반대였어. A그룹 학생들이 모은 기부금은 B그룹과 비교해서 55%, C그룹과 비교해서는 9%가 더 많았어. 금전적인 보상이 전혀 없을 때 오히려 더 열심히 모금 활동에 임했던 거야. 다시 말해 금전적인 보상(보통 경제적 인센티브라고 하지.)이 오히려 활동 의욕을 꺾었음을 알 수 있지.

"유인책이 창의성을 파괴한다." 앨빈 토플러와 함께 세계적인 미래학자로 손꼽히는 다니엘 핑크가 한 말이야.

사람이 어떤 행동을 하도록 부추기는 자극을 경제학에서는 인센티브라고 하지. 인센티브는 사람들에게 좋은 일을 하도록 하고 나쁜 일을 하지 않도록 설득하는 수단이야. 대표적인 인센티브가 바로 돈이지. 돈은 경제적 인센티브야. 그런데 경제적 인센티브 말고도 사회적·도덕적 인센티브도 있어. 이는 사회 규범이나 윤리 의식과 밀접한 관련을 맺고 있지. 사람들이 경제적 보상뿐만 아니라 가치나 보람을 위해서도 열심히 일한다는 사실을 보여 주는 예는 아주 많지.

미국퇴직자협회가 변호사들에게 가난한 퇴직자들을 위해 저렴한 비용으로 법률 서비스를 해 줄 수 있는지 문의했어. 미국퇴직자협회가 제시한 금액은 시간당 30달러 정도였지. 그런데 변호사들은 단번에 거절했어. 그 후 미국퇴직자협회는 접근 방식을 180도 바꿨지. 변호사들에게 가난한 퇴직자들을 위해 무료로 법률 서비스를 해 줄 수 있는지 다시 문의했어. 신기하게도 변호사들은 대부분 승낙했지.

변호사들이 30달러의 이득보다 공짜 서비스를 택한 이유가 뭘까? 변호사들의 입장은 왜 바뀐 걸까? 일단 돈이 개입되는 순간, 사람들은 시장 가격을 생각하게 되지. 다시 말해 그들이 시간당 벌어들이는 수입과 제안받은 금액을 비교하게 되는 거야. 당연히 터무니없이 적은 액수의 제안을 순순히 받아들일 이유가 없지. 반면에 돈이 개입되지 않으면 사람들은 시장 규칙이 아니라 사회 규범을 생각하기 마련이야. 시장 규칙과 사회 규범은 어떻게 다를까?

경제학과 심리학을 결합시킨 '행동경제학Behavioral economics'이라는 학문이 있어. 여러 실험을 통해 인간의 선택과 그 동기에 대해 연구하는 학문이야. 사실 우리 삶에서 선택은 매우 중요하지. 그런데 지금까지 경제학에서는 선택을 기회비용의 측면에서만 주로 다뤘어. 예를 들어 점심으로 짜장면을 선택했다면 짬뽕의 맛을 포기해야지. 이게 기회비용이야. 여러 가능성 중 하나를 선택했을 때 그 선택으로 인해 포기해야 하는 것들의 가치를 의미하지.

행동경제학은 선택의 문제를 좀 더 포괄적이고 객관적으로 접근한다고 생각하면 돼. 방법론적으로 객관적 실험에 주로 의존하지. 행동경제학의 실험 중에 이런 게 있어. 자동차에서 무거운 짐을 내려야 하는 상황을 만들어 놓고 행인에게 도움을 청하는 실험이야. 실험의 핵심은 행인에게 두 가지 상반된 요구를 하는 데 있지. 하나는 그냥 도와달라고 부탁하는 방식이고, 다른 하나는 1달러를 줄 테니 거들어 달라고 요청하는 방식이야. 그래서 어느 방식에 더 많이 응하는가를 비교해 보았지.

너희라면 어떻게 할래? 돈을 받지 않아도 도울 수 있겠지만, 돈을 받으면 더 열심히 도울 거라고 생각하니? 그런데 놀랍게도 실험 참가자들은 순수하게 도움을 구하는 경우에는 모두 흔쾌히 응했지만, 돈을 주면서 흥정하는 경우에는 대부분 거절했어. 왜 그랬을까? 바로 시장 규칙과 사회 규범의 차이 때문이야. 돈을 받고 도와주는 행위에는 시장 규칙이 작동하지만, 순수하게 도와주는 행위에는 사회 규범이 작용하지. 앞에서 언급했듯이 시장 규칙은 경제적 인센티브와 관련되고, 사회 규범은 사회적·도덕적 인센티브와 관련되지.

시장 규칙이란 주고받는 가치를 정확하게 돈으로 따져서 거래하는 거야. 보수, 가격, 이자, 벌금, 수익, 비용 등이 명확하게 계산되고, 계산된 결과에 따라 주고받음이 확실하지. 한마디로 이해타산利害打算이 지배하는 규칙이야. 시장 규칙이 지배하는 세계에서는 무엇이든 값을 치러야만 얻을 수 있어. 즉 그 자리에서 바로 대가를 지불하거나 나중에라도 지불해야 하지. 사실 우리가 공짜라고 생각하는 것들도 따지고 보면 공짜가 아닐 때가 많아. 가령 1+1 행사를 떠올려 봐. 하나를 공짜로 얻으려면 반드시 다른 하나를 사야 하잖아.

반면에 사회 규범이란 당장의 손익을 떠나 인격적 교류와 사회적 관계를 중시하는 마음의 원리라고 할 수 있어. 사회 규범이 있기 때문에 공동체를 유지할 수 있지. "죄송한데 이것 좀 같이 들어 주실래요?" 사회 규범 안에서 우리는 다른 사람에게 도움을 청할 수 있어. 사회 규범 안에서는 대가를 지불하지 않아도 되지. 무거운 짐을 들어 준 사람에게 수고비를 주지는 않잖아.

사회 규범의 대표적인 사례가 자원봉사야. 우리가 자원봉사를 할 때는 금전적인 동기 이상으로 강력한 의욕이 발휘되지. 여기에도 인격적인 관계 속에서 자신의 존재 가치가 빛을 발하기 때문이야. 그런데 그렇게 시작한 일도 돈을 받게 되면 금세 변질되고 말지. 사회 규범이 시장 규칙에 자리를 내주면 어떤 일의 가치가 크게 축소되어 버리는 것을 경험할 수 있어. 정성 들여 손수 만든 선물을, 받는 사람이 가격을 따져서 받는다면 선물의 가치는 확 떨어지게 되지.

· 시선이 행동을 결정한다

사실 우리가 더없이 소중하게 여기는 것들은 시장 규칙이 아니라 사회 규범에 따라 이뤄지는 일들이지. 사랑이나 우정과 같은 가치를 생각해 보면 잘 알 수 있어. 이와 마찬가지로 우리가 생존하는 데 없어서는 안 될 중요한 것들도 시장 규칙과 무관한 것들이야. 공기와 물이 그렇고 햇빛이 그렇지.(물은 공짜는 아니지만, 가격이 싸게 책정되어 있지. 옛날에는 먹을 것도 자연에 그냥 널려 있었잖아.) 가난해도 숨 쉬고 햇볕을 쬐는 데는 아무 문제가 없어. 이런 것들은 모두 가격이 매겨지지 않는 공짜들이잖아. 물론 매겨져서도 안 되겠지만.

갑이 운영하는 놀이방에서는 오후 6시까지 아이들을 돌본다. 그러나 많은 부모들은 오후 6시가 넘어서 아이들을 데리러 온다. 그 때문에 일과가 모두 끝난 후에도 아이들을 돌보는 교사를 남겨 두어야 한다. 부모들의 지각을 막기 위해서 갑은 부모가 늦을 때 10분당 2,000원의 벌금을 부과하였다. 그러자 지각하는 부모가 오히려 늘어났다. 이에 갑이 벌금을 10분당 5,000원으로 올리자 비로소 지각하는 부모가 없어졌다.

2007년도 수능에 출제된 경제 문제의 지문이야. 사실 이 지문은 법학자인 유리 그니지Uri Gneezy와 알도 루스티치니Aldo Rustichini가 이스라엘의 하이파에 위치한 사설 탁아소들을 대상으로 진행한 실험에서 가져온 거지. 이들은 벌금이 사람들의 행동에 미치는 영향을 알아보기 위해 20주 동안 흥미로운 실험을 진행했어. 실험의 내용은 간단해. 교사에게 미안해서라도 제시간에 오려던 부모들이 벌금을 매기자 마치 면죄부를 받은 것처럼 행동했던 거야. 벌금이 아이를 놀이방에 오래 남겨 뒀다는 죄책감(도덕적 인센티브)을 오히려 씻어 주었던 거지.

더 불행한 것은 잘못된 제도로 판명난 이 벌금 제도를 없앴는데도 부모들의 지각이 줄어들지 않았다는 사실이야. 부모들의 태도는 왜 달라졌을까? 교사에 대한 미안함, 또는 시간을 지켜야 한다는 내적 규범이 부모들에게서 이미 사라졌기 때문이지. 사회 규범이 시장 규칙에 자리를 내어 준 셈이야. 부모들이 경제적 유인책에 완전히 포섭돼 버린 거지.

우리는 경제적 보상에 따라 행동하기도 하지만 사회적·도덕적 동기에 따라 행동하기도 하지. 누군가를 시장 규칙으로만 바라보고 대한다면 그 사람은 시장 규칙에 따라 사고하고 행동하게 되어 있어. 이타심과 협력적 틀이 주어지면 인간은 충분히 이타적이고 협력적으로 변할 수 있지. 우리가 어떻게 보느냐에 따라 사람의 행동은 달라지지.

11

우호적 협력으로는
성공할 수 없다는 **생각**

돈보다 사람이 먼저인 협동조합

2010년 가을, 전국적으로 배추 파동이 일어났어. 평소 2000원 안팎이던 배추 한 포기 가격이 무려 1만 5000원까지 치솟았지. 그러자 식당에서는 김치가 슬그머니 사라져 버렸지. 그래서 김치가 아니라 금金치라고들 했어.

그런데 한쪽에서 이상한 일이 벌어졌어. 생협(생활협동조합) 유통 매장에서 2000원 안팎의 가격으로 배추를 팔았던 거야. 물량이 많지 않아 조합원들에게 한해서만 판매했지만, 외부에서 보기에는 가히 충격적이었지. 시장 가격보다 무려 8분의 1 가까이나 쌌으니까. 어떻게 이런 일이 가능했을까?

생활협동조합에서는 친환경 생산 농가들과 장기적인 거래 관계를 맺고 채소를 공급받지. 그래서 일정한 가격에 배추를 공급받을 수 있어. 물가 상승폭이 반영되긴 하겠지만, 가격이 대개 일정하게 유지되지. 그래서 그해 배추 생산량이 많아 배추 값이 폭락하더라도, 생협은 일정한 가격으로 배추를 매입해. 따라서 시장 가격에 비해 상대적으로 비싼 가격으로 배추를 팔지. 이렇게 되면 배추 생산 농가들이 가격 폭락에 따른 피해를 입지 않겠지.

시장 가격이 폭락해도 개의치 않고 평소 수준대로 배추를 매입해 주면서 서로 신뢰를 쌓아 가는 거야. 그래서 배추 값이 큰 폭으로 올라도, 생산 농가들에 평소 가격대로 배추를 공급해 달라고 요청할 수 있는 거야. 신뢰는 위기에서 빛을 발하는 법이지. 2010년 배추 파동 때 드디어 빛을 발했던 거야. 이게 협동조합의 힘이야.

협동조합은 조합원들이 공동으로 돈을 모아 만든 기업이야. 협동조합은 이름대로 협동을 중요한 가치로 삼아. 협동조합은 협동과 민주주의적 방식으로 운영되지. 너희들 엄마가 유기농 식품을 사러 가는 두레, 한살림, 아이쿱 등이 협동조합이야. 주로 생활필수품을 직접 사들여 조합원들에게 제공한다고 해서 생협이라고 하지.

우리가 알고 있는 대표적인 기업의 형태는 주식회사잖아. 주식회사랑 협동조합은 어떻게 다를까? 주식회사와 협동조합의 가장 큰 차이는 의사 결정 방식에 있어. 주식회사는 말 그대로 주식을 가진 사람이 주인이야. 그들을 주주라고 하지. 주주는 주식을 가진 만큼 결정권을 가질 수 있어. 그래서 1주에 1표를 행사하지.

협동조합은 정반대야. 협동조합에서는 1인 1표제를 적용해. 다시 말해 협동조합에 사업 자금을 얼마나 출자했는지는 그다지 중요하지 않아. 돈을 많이 냈건 적게 냈건 모두가 똑같이 1표를 행사하는 거지. 주식회사가 돈을 많이 낸 사람이 더 많은 발언권을 갖는 자본주의적 기업이라면, 협동조합은 모든 사람이 동일한 발언권을 갖는 민주주의적 기업이야. 협동조합은 돈보다 사람이 먼저인 기업인 거야.

또 협동조합은 주식회사와 달리 이익 배당을 하지 않아. 이게 정말 중요한 부분인데, 주식회사는 매년 주식에 대한 배당을 하지. 쉽게 말해 이익이 발생하면 그 이익을 주주들에게 나눠 주는 거야. 따라서 주식회사는 어떻게든 이익을 극대화하려고 노력하지. 그 결과 하청 업체와의 관계나 노동자와의 관계, 소비자와의 관계도 모두 이익의 관점에서 보게 되지. 이익을 극대화하기 위해서 정규직을 자르고 비정규직을 양산하는 것도 다 그런 이유 때문이야. 주주들의 이익이 늘어나야 주주들이 계속 투자를 할 테고, 그래야 주식의 가치도 더 올라갈 테니까. 극단적인 이익 추구는 탐욕으로 이어져 때로 환경을 파괴하거나 소비자의 건강을 해치기도 해. 원가를 낮추려고 인체에 유해한 성분을 함부로 쓰는 경우가 이에 해당하지.

하지만 협동조합은 배당할 이익을 극대화하는 것 자체가 목적이 아니야. 이익이 나면 배당이 아닌 사업에 재투자를 하지. 일하는 사람에 투자하고, 거래하는 거래처에 투자하지. 그렇게 해서 더 좋은 품질의 제품과 서비스를 조합원들에게 제공하는 게 목적이야. 다시 말해, 주식회사의 목적이 이윤 그 자체라면 협동조합의 목적은 조합원의 복리와 만족이지.

· 협동조합, 세상을 물들이다

협동조합이 자본주의 경제에서 아주 작은 부분에 지나지 않는다고 생각할지 모르겠어. 대부분의 유명한 기업들은 주식회사들이니까 말이야. 우리가 아는 대기업들도 전부 주식회사지. 그래서 커다란 주식회사들이 경제를 움직이고, 협동조합은 경제의 작은 부분을 담당한다고 생각할 수 있어. 하지만 꼭 그렇지만도 않아.

리오넬 메시는 현존하는 세계 최고의 축구 선수지. 메시가 뛰고 있는 팀은 FC바르셀로나야. 메시는 프로 데뷔 이후 줄곧 FC바르셀로나에서 뛰고 있어. 은퇴할 때까지 FC바르셀로나에서 뛸 것으로 예상되지. 1970년대 축구스타 요한 크루이프는 "독재자 프랑코 총독이 후원하는 팀에는 가지 않겠다."라며 레알마드리드의 영입 제안을 뿌리쳤어. 대신 요한 크루이프는 독재 정부의 핍박을 받는 FC바르셀로나를 선택했지. FC바르셀로나가 독재 정부에 맞설 수 있었던 배경은 무엇일까?

FC바르셀로나가 대기업 구단주의 소유가 아니기 때문이지. FC바르셀로나의 구단주는 17만 명의 바르셀로나 시민들이야. 즉 바르셀로나 시민들이 돈을 내서 구단을 만든 거지. 협동조합 형태의 축구 구단인 거야. 따라서 구단의 모든 것을 정하는 주체도 바로 시민들이야. 6년 임기의 구단 회장도 시민 조합원들이 직접 선거로 선출하지. 민주적인 방식으로 운영되는 구단이기 때문에 독재 정권에 맞설 수 있었던 거야.

그들의 훈련 방식 역시 협동조합의 가치를 지향하고 있어. 상호 신뢰를 통한 축구를 기본으로 하고 있거든. 그래서인지 FC바르셀로나의 축구는 짧고 빠른 패스가 인상적이야. 동료의 움직임을 읽으면서 서로의 플레이에 녹아드는 축구지. 동료애와 헌신이 빛나는 축구팀이 아닐 수 없어. 메시가 FC바르셀로나를 떠나지 않는 이유일 거야. 사실 다른 이유도 있어. 메시의 키는 축구선수로서는 이례적으로 작은 169cm이지. 메시는 어릴 때 성장호르몬 장애를 겪었다고 해. FC바르셀로나는 메시의 성장호르몬 장애를 치료해 주기로 약속하고 그를 스페인으로 데려왔지. 그렇게 유소년 팀에서 축구를 배우며 세계적 선수로 성장했어.

FC바르셀로나는 2010년까지 유니폼에 상업적 로고를 달지 않은 팀으로 유명했지. 대신 전 세계의 어려운 어린이를 돕는 유니세프unicef 로고를 달았어. 유니세프는 회사가 아니라 국제 어린이 구호 단체야. 유니세프는 FC바르셀로나에 광고비로 얼마를 냈을까? 0원이야. 오히려 FC바르셀로나는 시합을 하고 돈을 벌 때마다 유니세프에 기부했지. 현대 스포츠와 자본은 떼려야 뗄 수 없는 관계를 맺고 있어. 올림픽이나 월드컵이 열릴 때마다 수많은 기업들이 스폰서를 자청하고, 경기장 여기저기에 광고판이 즐비하잖아. 비싼 광고판에 유니세프 로고를 박고 기부 활동을 할 수 있는 이유는 "축구를 상업화할 수 없다"는 조합원들의 생각 때문이었지. FC바르셀로나의 슬로건은 '클럽 그 이상More than a club'이야.

북유럽의 강소국 핀란드로 가 볼까. 핀란드의 인구는 500만 명 정도에 불과하지. 그런데 협동조합에 가입한 조합원이 무려 400만 명이 넘어. 핀란드 성인의 84%가 한 군데 이상 협동조합에 가입돼 있는 셈이지. 핀란드 최대 유통 업체인 S그룹도 협동조합이야. 대주주 없이 100만 명 이상의 조합원이 소액을 나누어 출자해 운영하는 협동조합이지. S그룹의 핀란드 내 시장 점유율은 43%에 달하고 있어.

이탈리아에서도 최대 유통 업체가 협동조합이고, 은행과 건설 회사, 심지어 박물관과 공연장 등도 협동조합으로 운영되고 있어. 2006년 이 협동조합이 주로 유럽에서 발전한 것은 부정할 수 없는 사실이야. 그러나 자본주의 기업의 천국인 미국에도 협동조합은 존재하지. 오렌지의 대명사인 선키스트는 120년의 역사를 자랑하는 미국의 대표적인 협동조합이야. 캘리포니아와 애리조나의 6000여 감귤 생산 농가가 힘을 합쳐 만든 협동조합이지. 미국의 전기 협동조합은 4000만 명의 조합원에게 전기를 공급하고 있어. 세계 4대 통신사로 손꼽히는 미국의 AP 통신 또한 협동조합 기업이야.

탈리아상공회의연합의 보고서에 따르면, 이탈리아 협동조합의 경제 규모는 1130억 유로에 달하고 100만 명이 넘는 종업원을 고용하고 있지. 협동조합 조합원만 700만 명에 달해. 이탈리아의 에밀리아로마냐 주는 협동조합의 천국이야. 그곳에서는 '시장 간다'는 말을 '콥(협동조합coop의 이탈리아어 발음) 간다'라고 할 정도로 협동조합이 널리 퍼져 있지. 대략 1만 5000개의 협동조합이 있어.

덴마크 코펜하겐의 동쪽 앞바다로 5킬로미터 정도 배를 타고 나가면 바다를 수놓은 거대한 풍력 발전기 스무 대를 만날 수 있어. 이 풍력 발전기의 주인은 대기업이 아니야. 미들그룬덴 발전 협동조합이지. 발전소를 세우기 위해 돈을 모은 8600명의 코펜하겐 시민들이 바로 풍력 발전기의 주인이야.

유럽에는 협동조합 전통이 강한 나라들이 많아. 독일, 프랑스, 핀란드, 네덜란드, 이탈리아, 오스트리아에서는 금융 부분에서 협동조합이 강세야. 이 여섯 나라에서 협동조합 은행의 시장 점유율은 25%에 달하지. 당연히 조합원 수도 많아. 1997년에 인구 100명 중 14명이 협동조합 은행 조합원이었어. 전 세계가 금융 위기를 맞았던 2009년에는 14명에서 19명으로 늘었지.

더욱 놀라운 것은 수익률이야. 협동조합의 목적은 이윤 극대화가 아니라고 했잖아. 따라서 협동조합 은행은 주식회사인 영리 은행들보다 수익률이 낮아. 수익 자체를 많이 내는 게 목적이 아니니까. 사실 수익이 많다는 건 소비자에게 안 좋은 거지. 기업이 수익을 많이 낸다는 건 그만큼 금융 소비자에게서 많은 이익을 거둔다는 뜻이니까.

금융 위기가 찾아온 2008년, 상황은 역전되고 말았어. 은행들의 순이익률은 마이너스 0.5%로 뚝 떨어졌어. 반면에 협동조합 은행들은 5%의 순이익률을 지켜 냈어. 협동조합 은행들은 금융 위기 이후에도 평소보다 금리를 올리지 않았고 대출 회수에도 나서지 않았어.

반면에 영리 은행들은 무리하게 대출 회수에 나섰지. 당연히 대출받은 사람들만 어려운 상황에 처하게 됐고. 영리 은행에서 대출을 받은 중소기업들은 대출금을 갚느라 허리띠를 졸라매야 했어. 비용을 줄이는 간단한 방법은 직원을 자르는 거였지.

협동조합이 위기 때 강한 이유는 뭘까? 협동조합은 경기가 좋다고 매출을 늘리려고 안 하고, 경기가 나쁘다고 비용을 깎지도 않지. 더 많은 이윤을 남기기 위해 조합원들을 희생하는 경영은 하지 않아. 어차피 조합원 모두가 기업의 주인이기 때문에 애초에 그런 경영이 불가능하지. 그렇기 때문에 조합원 모두가 협동조합에 협력할 수밖에 없어. 협동조합이 강한 생명력으로 오래 살아남을 수밖에 없는 이유야.

오랫동안 우리는 주식회사가 자본주의 사회의 당연하고 유일한 기업 형태라고 생각해 왔어. 그러나 세상에는 협동조합이라는 다른 형태의 기업이 분명히 존재하지. 일시적인 실험이 아니라 150년 이상 경쟁력을 발휘하며 가능성을 검증받은 형태로 말이야.

2012년 우리나라에도 협동조합기본법이 제정되었어. 바야흐로 협동조합의 시대가 열린 거야. 이 법의 제정으로 누구나 쉽게 협동조합을 설립할 수 있게 됐거든. 아직 갈 길은 멀지만, 우리에게도 '다른 기업'을 선택할 수 있는 선택지가 생긴 거야.

혼자만 살려고 하면 오히려 죽을 수 있어. 흡혈박쥐를 예로 들어 볼까. 중남미 코스타리카에 사는 흡혈박쥐는 신진대사가 워낙 빠른 편이라 사흘만 피를 못 빨아도 죽게 되지. 그런데 흡혈박쥐가 흡혈에 성공하는 경우는 20%도 안 돼. 그렇다면 흡혈에 실패한 박쥐는 모두 죽을까? 그렇지 않아. 흡혈에 성공한 박쥐가 굶고 있는 동료 박쥐에게 피를 토해 나눠 주거든. 만약 자기 혼자 피를 전부 먹으면, 언젠가 사냥에 실패했을 때 자기도 굶어야겠지. 흡혈박쥐들은 피를 공유하면서 생존의 가능성을 늘려 가는 거야. 협동조합의 원리도 다르지 않아. 협동을 통해 공존의 가치를 높이는 거지.

우리의 세계가 원래부터 서로 경쟁하는 경제 주체들로 갈라지도록 만들어져 있다는 주장은 궤변이다. 경쟁적 경제는 우리가 그것을 만들기로 결정했기 때문에 출현한 것이다. 경쟁은 전쟁의 순화된 대체물이다. 전쟁은 결코 피할 수 없는 것이 아니다. 우리는 전쟁을 원하면 전쟁을 선택할 수 있다. 하지만 우리가 평화를 원하면 평화를 선택할 수 있다. (마찬가지로) 우리가 경쟁을 원한다면 경쟁을 선택할 수 있다. 그러나 우리는 경쟁 대신에 우호적 협력을 하기로 결정할 수 있다.

노벨문학상을 수상한 존 쿳시가 『어느 운 나쁜 해의 일기』에서 한 말이야.

12

기업은 자본주의의 한계를 넘을 수 없다는 **생각**

잘나가는 1명보다 99명을 위한 사회적 기업

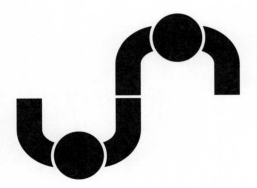

우리는 멀쩡한 물건을 내다버리기 일쑤야. 아직 쓸 만한데도 새 물건을 자꾸 사기 때문이지. 박원순 변호사(2015년 현재 서울시장)가 보기에는 버려지는 좋은 물건들이 너무 많았어. 멀쩡한 옷과 가방이 아무렇지 않게 마구 버려졌지. 반면에 어떤 이들에게는 물건이 너무 모자랐어.

이런 문제를 해결하려고 설립한 곳이 바로 '아름다운가게'야. 아름다운가게는 중고 물품을 기증받아 판매하는 곳이지. 말하자면 기증품 유통 사업이라 할 수 있어. 2002년 처음 문을 열었을 때만 해도 우리 사회에서 중고 물품은 별 인기가 없었어. 남이 쓰던 물건은 사용하기를 꺼리는 문화 탓이었지. 그러나 결과적으로 아름다운가게는 성공했어. 현재 전국에 아름다운가게 매장이 150곳 가까이 있어. 기증자와 구매자를 합해 그 참여 인원이 1천만 명이 넘지.

아름다운가게와 같은 기업을 사회적 기업이라고 해. 주식회사와 달리 이익을 남겨 주주에게 배분하지 않는 기업이야. 그런 의미에서 협동조합과 비슷하지. 물론 협동조합과 다른 점도 있어. 협동조합은 조합원의 이익을 극대화하려 하지. 반면에 사회적 기업은 사회의 이익을 극대화하는 것이 주된 목적이야.

다시 말해 협동조합은 조합원의 공통된 필요와 욕구를 충족하기 위한 기업인 반면에, 사회적 기업은 지역 사회의 필요와 욕구를 충족하기 위한 기업이라 할 수 있지. 따라서 강조점도 다소 다를 수밖에 없어. 협동조합이 조합원 간의 내부적 연대를 강조한다면, 사회적 기업은 지역의 다양한 사람들과의 연대를 강조하거든.

협동조합은 내부적으로 민주주의를 실현한 기업이라고 할 수 있어. 예를 들어 노동자 협동조합은 공동 소유, 협동 노동, 공동 분배를 잘 실천해 왔지. 그런데 노동자 협동조합은 소비자 협동조합과는 다소 차이가 있어. 앞에서 살펴본 생협이 대표적인 소비자 협동조합이야. 말 그대로 조합원이 사용(소비)하는 재화나 서비스를 구매하기 위해 조직된 협동조합이지. 반면에 노동자 협동조합은 조합원인 노동자가 공동으로 자본과 노동력을 제공해서, 일정한 생산 사업을 공동으로 경영하고, 그 생산물을 판매해 얻은 이익을 공동으로 분배하는, 한마디로 노동자 자신이 소유·경영·관리하는 기업이야.

알아 둬야 할 것은 협동조합이라고 해서 완전무결한 조직은 아니라는 점이야. 협동조합은 내부적으로 매우 민주적이지만, 외부적으로는 여전히 하나의 기업으로 전락할 수 있기 때문이지. 무슨 말이냐고?

앞에서 우리는 주식회사가 1주에 1표, 즉 주식을 가진 만큼 결정권을 가질 수 있다고 했지. 반면에 협동조합은 1인 1표제로 운영되는 민주적 기업이야. 시장 경제는 1원 1표로 결정을 하지만, 민주주의는 1인 1표에 의해서 결정하잖아. 즉 주식회사가 자본에 의해 움직인다면 협동조합은 사람에 의해 움직이는 거야.

주식회사는 자본이 노동을 고용하지. 쉽게 말해 자본을 가진 사람이 노동자를 고용하는 거야. 우리에게 매우 익숙한 모습이지. 취업한다는 게 그런 거잖아. 자본을 가진 사람에게 고용되는 거지. 반면에 협동조합은 노동이 자본을 고용한다고 보면 돼. 노동자들이 협동조합형 공장을 만든다면, 노동자들이 주인으로서 공장을 소유·운영하는 하는 거니까. 자발적으로 모여 자본을 모아서 공장을 세우고 스스로 고용되는 거지.

이렇게 협동조합은 내부적으로 분명히 비非자본주의적 관계로 운영되고 있어. 그런데 문제는 외부와의 관계에서는 여전히 자본주의 시장 경제 안에서 작동하고 있다는 점이야. 주주의 이익이 아니라 조합원 모두의 이익을 추구한다는 점에서 탁월한 성과를 보여 줬지만, 공익적인 면에서는 다소 한계를 가질 수 있다는 거야. 공익적 측면이 전혀 없는 건 아니지만, 기본적으로 조합원의 복지를 최우선으로 삼으니까.

그와 같은 한계를 넘어서려는 기업이 바로 사회적 기업이야. 사회적 기업은 지역 사회의 요구와 필요에 부응하여 사회적 목적을 달성하기 위해 재화와 서비스를 생산·공급하는 시민 기업이라고 할 수 있어. 사회적 기업의 이념을 한마디로 표현하면 빵을 팔기 위해 장사를 하고 사람을 고용하는 것이 아니라 '사람을 고용하기 위해 빵을 판다'고 할 수 있지.

앞에서 언급한 것처럼 사회적 기업의 목적은 이윤 극대화가 아니야. 사회적 기업은 노동과 삶의 질을 높이고 지역 사회를 발전시킨다는 비영리적 동기에서 비롯하지. 그러니까 사익이 아니라 철저히 공익을 추구하는 기업인 거야. 재화와 서비스를 생산하고 판매하지만 그 이익을 주주나 조합원이 아니라 사회를 위해서 사용하지. 일반 기업이 사적인 이윤을 추구하는 시장 경제에 속한다면, 사회적 기업은 공익을 추구하는 공적인 경제에 속한다고 볼 수 있어.

· 사회적 기업의 가치

사회적 기업의 장점과 역할은 세 가지 정도로 정리할 수 있지.

첫째로 사회적 기업은 다양한 사회 복지 서비스를 제공할 수 있어. 노인이나 장애인 간병, 저소득층과 맞벌이 부부 자녀의 방과 후 교육, 문화유산 보전 및 관리, 재활용품 수거, 노숙자 돌보기 등이 사회 복지 서비스에 속하지. 이와 같은 사회 복지 서비스는 사회적으로 꼭 필요하지만 수익성이 떨어져 시장에 맡겨 놓으면 사회에 필요한 수준만큼 충분하게 서비스가 제공되지 않을 수 있어. 따라서 사회 복지 서비스 분야에는 공익을 추구하는 사회적 기업이 적합하지.

사회적 기업은 이윤 극대화를 좇지 않기 때문에 수익성이 낮아도 사업을 지속할 수 있거든. 물론 최소한 손해를 보지 않는 선까지 수익이 나야겠지만 말이야. 국가와 기업의 지원, 지역 사회의 기부, 자원봉사 등이 다양하게 결합하여 수익성의 한계를 극복할 수 있어. 정부나 영리를 추구하는 기업이 주체였다면, 지역 사회의 기부나 자원봉사자의 도움을 받기가 쉽지 않겠지. 게다가 정부가 직접 관리하지 않기 때문에 정부 정책이 미치지 못하는 작은 부분까지 사회 복지 서비스를 제공할 수 있다는 장점이 있어.

둘째로 사회적 기업은 영리를 추구하는 일반 기업이 고용할 가능성이 거의 없는 계층을 고용할 수 있어. 대표적으로 노인, 장애인, 노숙자, 전과자 등 취약 계층을 적극적으로 고용할 수 있지. 이런 사람들은 일반적으로 생산성이 낮다는 이유로 시장 경제에서 철저히 배제되어 왔어. 그들이 일할 수 없는 게 아닌데 말이야. 사회적 기업은 취약 계층의 고용을 통해 일자리를 늘릴 수 있어. 지하철역 입구에서 주로 판매되는 잡지 〈빅이슈〉도 대표적인 사회적 기업이지. 〈빅이슈〉를 들고 판매하는 이들은 대부분 노숙자야.

셋째로 사회적 기업은 지역 사회의 다양한 욕구에 맞는 서비스를 제공할 수 있지. 지역 사회에 기반을 두고 자원봉사와 시민 참여를 이끌기 때문에 사회적 신뢰를 강화할 수 있어. 흔히 신뢰를 사회적 자본이라고 해. 사회 구성원들이 힘을 합쳐 공동의 목표를 효율적으로 추구할 수 있게 하는 무형의 사회 자산이야. 일반적인 자본이 쓰면 쓸수록 감소하는 반면에, 사회적 자본은 쓰면 쓸수록 더욱 커지지. 그리고 사회 복지 서비스의 제공 말고도 교통, 문화, 환경 등 다양한 사업을

1990년대 로버트 포트만 하버드대 교수는 이탈리아 남부 지역과 북부 지역을 비교해 사회적 신뢰가 경제 발전에 미치는 영향을 조사했어. 포트만 교수가 내린 결론은 사회적 신뢰가 높은 지역일수록 경제적 발전이 빠르고 그 수준 또한 높다는 거였지. 이후 월드뱅크에서는 더 많은 경제학자들이 세계 여러 나라들의 사회적 자본을 비교한 연구 결과를 내놓았어. 결과는 마찬가지였지. 사회적 자본이 축적될수록 경제가 더 발전한다는 거였어.

통해 지역 사회의 발전과 통합에 기여할 수 있어.

우리나라에서는 2007년 제정된 '사회적 기업 육성법'에 근거해 사회적 기업을 지원하고 있어. 우선 사회적 기업에 대한 정부 인증 제도를 만들었지. 또한 취약 계층을 고용할 때 인건비를 지원하거나 사업 개발비를 지원하는 등 재정적으로 돕고 있어. 다음으로 소셜 벤처social venture 대회 등 각종 공모전과 교육을 통해 사회적 기업을 확산시키려는 노력을 하고 있지.

사회적 기업은 빠르게 늘어나고 있어. 사회적 기업 학회에서 발표한 자료에 따르면 사회적 기업의 수가 2007년 50개(인증 기업)에서 2014년 1251개로 무려 25배나 증가했다고 해. 종사자 수도 약 10배 정도 증가하여 전국적으로 2만 6000명이 넘는 사람을 사회적 기업이 고용하고 있지. 특히 취약 계층 근로자 수가 꾸준히 늘어 2014년 말에는 사회적 기업 전체 근로자의 57%를 차지하게 되었어. 이렇듯 사회적 기업은 장애인이나 노인 등 취약 계층에 문이 열려 있어. 전문가들은 사회적 기업이 국민이나 정부 부담을 최소화하면서 사회 전체의 복지 수준을 높이는 데 크게 기여할 수 있을 거라고 전망하고 있어.

고용노동부는 2017년까지 사회적 기업 3000개를 키워 모두 10만 명을 고용하겠다는 내용의 〈사회적 기업 활성화 추진 계획〉을 내놓았어. 정부는 이를 통해 다양한 일자리를 창출하고, 사회적 기업의 자생력을 높여 갈 수 있을 거라 기대하고 있어.

· 사회를 지키는 기업

　전 세계에서 이미 수많은 사회적 기업들이 운영되고 있어. 방글라데시의 그라민 은행은 세계 최초로 담보가 전혀 없는 가난한 이들에게 무담보 소액 대출을 실시한 은행이지.(무담보 소액 대출을 보통 '마이크로크레딧Microcredit'이라고 해.) 이 은행의 유일한 담보라면 가난을 벗어나려는 사람들의 희망과 의지야. 가난에서 벗어나려는 의지만 있다면 누구나 그라민 은행에서 대출을 받아 가난에서 벗어날 기회를 가질 수 있지. 이런 꿈같은 일을 실현시킨 그라민 은행은 사회적 기업이야. 영리 은행이라면 담보 없이 돈을 빌려주는 일은 절대 할 수 없지.

　그라민 은행의 대출자는 주로 여성이야. 여성이 전체 대출자의 무려 97%에 이르지. 이전까지 방글라데시 은행의 대출자 중에서 여성의 비율은 1% 미만이었어. 방글라데시는 전통적인 이슬람 국가라서 여자라는 이유로 은행 문턱을 넘기 어려웠지. 여성이 대출을 받으려면 남편과 상의했는지부터 확인했으니까. 빈곤을 퇴치하는 데 여성 대출은 효과적이었어. 남성들은 돈을 빌리면 유흥에 써 버렸지만, 여성들은 가족을 위해 썼거든. 여성들은 빌린 돈으로 아이들을 학교에 보내고, 염소를 사서 기르거나, 장사를 했지. 그라민 은행에서 대출받은 한 여성은 이렇게 말했어. "그라민 은행은 저에겐 어머니 같은 존재예요. 새로운 생명을 주었거든요."

　그라민 은행은 남성 중심의 가부장제 사회에서 여성이 자신을 경제의 주체로 자각하고 당당하게 자립할 수 있도록 북돋워 주고 있어. 대출받은 여성들은 돈을 빌리고 갚는 과정에서 내면의 에너지를 느끼면서 삶에 대한 자신감을 갖게 되지.

"난생처음 융자를 받은 사람들은 원금을 갚을 때 무한한 기쁨을 느끼는데, 왜냐하면 자기가 원금을 갚을 수 있을 정도로 돈을 번다는 느낌을 처음으로 가져 보기 때문이다. (……) 그라민 은행은 소액 융자만을 주는 것이 아니다. 그라민 은행은 사람들에게 자신 속에 잠재하고 있는 능력을 알게 하고 탐험하게 만든다."

그라민 은행의 창립자 무하마드 유누스Muhammad Yunus가 한 말이야.

무하마드 유누스는 1976년 빈곤과 기아에 시달리는 마을을 조사하면서 가난한 이들이 열심히 일해도 고리대금에 발목이 잡혀 형편이 나아지지 않는 상황을 목격하고 쌈짓돈 27달러를 융자해 주는 것으로 사업을 시작했어. 2008년 기준으로 그라민 은행의 누적 대출 기금은 75억 달러에 달하지. 방글라데시 전역에 2500여 개의 지점을 두고 무려 770만 명에게 대출을 해주고 있어. 대출금 상환율은 99%에 달하지. 실로 놀라운 성장이 아닐 수 없어. 그라민 은행과 그라민 은행의 창립자 유누스 박사는 이와 같은 공로를 인정받아 2006년 노벨 평화상을 수상했지.

사회적 기업은 경영의 목적이 사회적인 가치 창출에 있다는 점에서, 현재의 경제 위기를 불러오는 데 한몫한 영리 기업과 대조적이지. 사회적 기업은 이윤을 향한 끝없는 탐욕이 불러온 환경 위기와 금융 위기를 극복하는 대안이 될 수 있는 기업이야. 특히 착한 동기로 소비하는 윤리적 소비자들과 협동조합의 조합원들은 사회적 기업의 중요한 고객이 될 수 있다는 점에서 시너지 효과를 기대할 수 있지.

앞에서 대한민국을 100명으로 이루어진 마을에 비유했잖아. 협동조합이나 사회적 기업은 잘나가는 1명이 아니라 나머지 99명을 위한 기업이야. 또한 99명에 의해 굴러가는 기업이기도 하지.

'견제'와 '감시'는
기업 활동을 위축시킬
거라는 **생각**

착한 기업에 투자하는 사회책임투자

· 노동자의 경영 참여, 가능할까?

2008년 세계 금융 위기 이후 미국의 자동차업체인 제너럴모터스GM
와 크라이슬러는 부도 위기에 몰렸지. 구제금융을 받고 간신히 기사회
생한 GM과 크라이슬러의 위기에는 주주 가치의 극대화라는 것이 있
었어. CEO와 주주들은 자신들의 보수와 배당금 챙기기에 급급했지.
때문에 기업 경쟁력의 뿌리인 투자와 연구 개발을 소홀히 했어. 2008
년 금융 위기가 터지자 주주 가치 극대화의 주창자였던 잭 웰치마저
"주주 가치란 세상에서 가장 바보 같은 아이디어"라고 비판했지.

주주는 기업의 법적 소유주이긴 하지만, 기업의 장기적 생존에 제일
관심이 없는 집단이기도 해. 참, 역설적이지. 소유주가 장기적 생존에
관심이 없다니 말이야. 주주들은 주식 투자로 수익이 나지 않으면 언
제든 보유 주식을 팔아넘길 수 있어. 이익이 예상되는 곳에는 과도하게
자본이 몰리지만, 손실이 예상되면 자본은 썰물처럼 빠져나가지. 결국
이는 기업이 단기적인 이익에 집중하게 함으로써 경제를 불안정하게
만들 수 있어. 금융 자본이 가진 한계야.

우리나라도 사정은 비슷해. 삼성전자를 포함해 현대자동차, LG전자,
KT 등 주요 10개 상장사의 경우 2003~2005년 3년간 올린 순이익이
65조 원이지. 그런데 그중 43%인 28조 원을 배당금 등으로 지급했어.
배당금이 적으면 주주들은 주식을 팔고 떠날 수밖에 없지. 그렇게 되
면 주식 가치는 곤두박질치겠지. 기업들이 배당금을 늘릴 수밖에 없는

이유야. 이렇게 많은 배당금을 지급하기 위해 하청 단가를 깎고 비정규 직을 늘리지. 약자를 쥐어짜낸 결과로 이익과 배당금을 늘리는 거야.

이렇게 자신들의 탐욕을 추구하는 주주와 경영자에게만 기업을 맡겨도 될까? 이 질문에 철학자 김상봉은 『기업은 누구의 것인가』에서 독일의 사례로 답하고 있지. 독일에는 노사 공동 결정 제도가 있다고 해. 이 제도는 말 그대로 기업에서 중요한 의사 결정을 할 때 이해 당사자들이 공동으로 결정하는 제도야. 여기에는 주주는 물론이고 노동자와 기업에 돈을 빌려준 은행 등이 참여하지. 독일에서는 이미 1920년에 시작해서 1976년 '공동 결정법'에 따라 본격적으로 시행된 제도야.

주주나 은행이야 기업 의사 결정에 참여할 수 있겠지만, 노동자는 어떻게 참여하게 됐을까? 주주는 언제든 주식을 팔고 떠날 수 있잖아. 그러나 노동자는 자기가 고용된 기업에서 나간다는 게 쉽지 않은 일이야. 그래서 주주보다 오히려 회사의 장기적인 미래를 더 중요하게 여기지. 즉 주주가 장기적인 이익보다 당장의 이익(주식 가치)에 목맨다면 노동자는 당장의 이익보다 장기적인 이익(고용 유지)을 생각할 수밖에 없어. 노사 공동 결정 제도에 노동자가 포함된 이유야.

공동 결정 제도는 구체적으로 두 가지 기구로 구성돼. 하나는 노동자 평의회이고 다른 하나는 감독 이사회야. 노동자 평의회, 감독 이사회, 말이 좀 복잡하지? 내용은 간단해.

노동자 평의회는 노동자들의 복지, 사고 예방, 근무 규정 등 주로 작업장이나 사업장 내에서의 현안을 다루는 기구로, 독일의 모든 회사에 있어. 필요에 따라 근로 시간을 단축하거나 연장하는 등 근로 시간을 결정하고, 기본금이나 상여금 등을 책정하지.

반면에 감독 이사회는 기업 전체의 운영에 관한 사항을 공동으로 심의하고 결정해. 감독 이사회에는 주주 총회에서 뽑힌 주주 대표들과 노동조합 등에서 추천한 노동자 대표들이 절반씩 참여하지. 감독 이사회는 우리로 치면 주식회사의 이사회와 같아. 감독 이사회가 기업을 실질적으로 경영하는 집행 이사회의 이사들, 즉 회사 경영진을 임명하고 감독하거든. 또한 투자 계획 등 기업의 주요 사항을 결정하지.

독일에서는 법적으로 종업원 2000명 이상인 기업에 감독 이사회를 두도록 하고 있어. 웬만한 기업에는 다 있다는 얘기지. 그렇다면 노동자의 입김 때문에 기업 경영은 어려움을 겪을까? 독일 경제는 아주 튼튼한 편이야. 그 바탕에는 세계적인 제조업 강자들이 있지.

독일에는 각 분야별로 세계 시장 점유율 3위 이내인 강소強小 기업이 무려 1300개나 있어. 한국은 그런 강소 기업이 고작 23개뿐이야. 독일 제조업 경쟁력의 원천은 다름 아닌 노사 화합이야. 독일을 대표하는 지멘스(전기전자기업), BMW, 다임러(벤츠 회사), 보쉬, 바이엘 등은 모두 노동자가 경영에 참여하고 있지.

2010년 유럽발 재정 위기가 닥쳤을 때도 이들 기업들은 구조조정(인원 감축) 대신 근로 시간 단축과 임금 동결로 위기의 파도를 넘었어. 이를 통해 숙련 기술자 등 우수 인력의 유출을 막고 경기 회복 때 신속하게 대응할 수 있었지. 만약 우수 인력이 유출됐더라면 신규 채용에 교육까지 신속한 대응이 불가능했겠지. 독일 제조업이 선전하는 비결이야. 유럽 각국이 재정 위기로 휘청거릴 때도 독일만이 건실한 경제 성장을 유지했어. 또한 독일의 청년 실업률은 선진국 중에서도 가장 낮지.

사실 독일 말고도 스웨덴, 핀란드, 덴마크, 프랑스, 네덜란드, 오스트리아 등에 비슷한 제도가 있어. 다만 노동자 대표의 비중이 50%에 육박하는 나라는 독일이 유일해. 가령 프랑스의 경우, 공기업의 운영 위원회(이사회) 혹은 감독 위원회 구성원의 3분의 1을 노동자 대표들로 선임하도록 하고 있지. 미국의 경우에도 일부 선진적인 기업들이 노동자 경영 참여 제도를 성공적으로 운영한 바 있어. 일본에서도 마찬가지고. 미국의 경제학자 러바인Levine의 연구에 의하면, 미국에서 노동자 경영 참여를 보장하는 기업들이 그렇지 않은 기업들에 비해 생산성이 더 높았다고 해.

우리나라에 이런 제도를 도입할 수 있을까? 쉽지는 않을 거야. 노동자에 대한 부정적 인식도 강하고, 경영 활동의 자율성에 대한 생각도 확고한 편이니까. 우리는 노동자의 경영 참여를 사회주의적 발상으로 간주하지. 그러나 독일을 비롯한 선진국들에서는 이를 사회주의라고 생각하지 않아. 노동자의 경영 참여를 민주주의의 실현으로 여기지.

· 사회책임투자, 기업에 딴지를 걸다

그렇다면 기업이 건전한 경영 활동을 하도록 내부에서 감시하고 견제할 수는 없을까? 기업 활동을 감시하고 견제하는 것에 토를 달진 않겠지? 앞에서 살펴본 것처럼 기업이 탐욕만 추구하면 기업에도 안 좋고, 더 나아가 사회에도 안 좋으니까. 그래서 건전한 기업 활동이 요구되는 거야. 사외이사社外理事 제도가 있긴 하지만, 현실적으로 기업 경영진의 거수기 노릇에 머무를 뿐이지.

사외이사 제도는 대주주와 관련 없는 외부 인사를 이사회에 참가시켜 경영진의 전횡을 막기 위한 제도야. 우리나라에서는 IMF 외환위기 이후 기업 경영의 투명성을 높이기 위해서 도입됐어. 그러나 도입 취지를 무색케 할 만큼 제 구실을 못하고 있지. 한국의 기업에서 경영진이 모르는 사람, 자기 회사를 제대로 감시해 줄 사람을 사외이사로 뽑는 곳은 거의 없어. 그러니까 유명무실하다고 봐야지.

법리적으로도 무리가 없고 국민 정서에도 반하지 않는 방법이 하나 있어. 다들 국민연금에 대해 들어 봤을 거야. 너희 부모님들도 거의 가입되어 있을 텐데, 국민연금은 노후에 생활 보장을 위해 정기적으로 지급하는 연금이야. 물론 이를 위해 국민 스스로 차곡차곡 연금을 쌓아야 해. 이렇게 우리가 낸 돈을 맡아 관리하는 곳이 국민연금공단이야.

그런데 이 국민연금이 대기업들의 주주를 맡고 있어. 삼성전자나 현대자동차, 포스코 같은 대기업의 지분을 5% 안팎이나 갖고 있는 주주란 말이지. 삼성전자의 경우 7% 지분(평가액 14조 원)을 가지고 있어. 이 정도면 주요 주주에 속하지. 즉 투자자로서 기업에 무언가를 요청하면 기업이 들어주는 척이라도 해야 하는 관계란 거야. 즉, 우리는 국민연금을 통해 기업의 경영 활동을 견제할 수 있는 거지. 어차피 국민이 낸 돈으로 운용되는 기관인 만큼 국민 전체에 보다 이로운 기업 활동이 가능하도록 압박할 수 있는 거야.

역사가 오래된 유럽 연기금들은 이미 사회책임투자Social Responsibility Investment를 하고 있어. 연기금은 연금과 기금을 합쳐서 부르는 말로, 흔히 연금 제도로 모은 돈을 관리하고 투자하는 연금 기관을 가리켜. 사회책임투자는 공적인 성격을 띤 연기금이 사회나 환경, 기업의 지배 구조 등을 고려해 투자하는 거야. 즉 돈이 될 것 같다고 아무 기업에나 투자하지 않고 착한 기업에 투자하는 거지. 환경이나 사회적 가치를 파괴하는 나쁜 기업은 투자 대상에서 아예 빼 버리지.

부패에 연루되지 않은 깨끗하고 투명한 기업, 환경에 피해를 덜 주거나 안 주는 기업, 일자리를 늘리고 고용 안전성을 높이려고 노력하는 기업, 노동자의 안전과 복지, 인권을 고려하는 기업, 지역 사회에 공헌하는 기업 등이 착한 기업이야.

2009년, 삼성전자에 한 통의 편지가 도착했어. 삼성전자 반도체공장 노동자가 백혈병으로 사망했다는 보도가 있는데, 여기에 대한 해명을 요구한다는 내용이었지. 편지의 발신인은 네덜란드의 공무원연금(ABP)을 운용하는 APG였어. APG는 자산 규모가 420조에 달하는, 무시하기 어려운 투자자였지.

그런가 하면 덴마크 최대 연기금인 ATP는 2010년 한 회사를 투자 대상에서 제외한다고 밝힌 적이 있어. 120조 원 규모의 대규모 연기금을 보유한 ATP가 투자 대상에서 제외한 회사는 바로 현대자동차였어. CEO가 횡령과 배임에 연루됐다는 판결을 받았다는 게 이유였지. 부패에 연루된 기업에는 투자하지 않는다는 사회책임투자의 원칙을 따랐던 거야. 사회책임투자를 하는 연기금들은 윤리적 기업들이 장기적으로도 크게 성장할 수 있을 거라고 판단하지.

우리나라의 국민연금은 자산이 440조에 달할 만큼 엄청난 규모를 자랑해. 2015년 기준으로 세계 4대 연기금에 속하지. 국민연금은 2043년경에는 최대 적립금이 2561조에 육박할 것으로 전망되고 있어. 이 정도 규모로 사회책임투자를 한다면 그 파급력이 어마어마하겠지? 현재도 국민연금은 사회책임투자를 하고 있긴 해. 2009년 유엔책임투자원칙에 가입하면서 본격적으로 시작했어. 좋은 기업에 투자하면 장기적인 수익에도 유리할 것으로 판단하고 투자를 시작했지.

하지만 아직 갈 길이 멀어. 사회책임투자의 비율도 낮고, 기업의 문제를 적극적으로 개선하려고 노력하지 않거든. 2013년, 4조 원 정도를 사회책임투자로 활용했어. 그러나 국민의 미래를 생각하는 국민연금의 성격을 감안하면, 앞으로는 전체 투자를 사회책임투자로 전환해야 할 거야. 한국 사회에는 대기업의 문제를 견제할 마땅한 세력이 거의 없지. 국민연금이 사회책임투자에 보다 적극적으로 나서야 하는 이유야.

뿐만 아니라 다양한 이해 당사자들이 주주들과 함께 중요한 의사 결정에 참여하는 문제에 대해서도 생각해 봐야 해. 노동자 대표를 포함해서 말이야. 기업을 위해서도, 사회를 위해서도 필요한 일이지.

14

규제가 없어야
경제가 성장할
거라는 **생각**

규제 완화가 일으키는 문제들

· 막장의 어린이들

찰스 디킨스의 『올리버 트위스트』를 보면 19세기 영국의 어린이들이 구빈원(빈민 구호 시설)에서 학대당하는 장면이 나오지. 산업혁명 초기에 아동 노동은 당연한 현실이었어. 공장주들은 성인 남자보다 임금이 싸고 다루기 편한 어린이 노동자를 선호했거든. 기계가 도입되면서 농업처럼 많은 근력이 필요하지 않았기 때문이야. 7살 어린이들이 새벽 5시부터 저녁 7시까지 14시간씩 공장이나 탄광에서 일하는 경우가 비일비재했지. 그 이상 일하는 경우도 있었어.

공장에서는 하루 종일 기계 앞에 서서 일하다 보니 10살이 넘어가면 무릎이 휘거나 발목에 이상이 왔지. 공장 감독자나 공장주들이 어린이들을 매질하고 학대하는 경우도 다반사였어.

"우리는 매일 검은 빵 한 덩이로 하루 끼니를 때워야 했다. 단 한 번도 배불리 먹은 적이 없었다. 일하면서 갖가지로 들볶이고 매질을 당하고, 견디다 못해 도망치다 붙잡히면 쇠사슬로 묶여 채찍질을 당했다." 19세기 초 영국 공장에서 일하던 로버트 블링크라는 어린이가 남긴 기록이야. 산업혁명 초기, 가혹한 노동 탓에 공장 노동자들의 평균 수명은 25살 전후밖에 안 됐어.

엥겔스Friedrich Engels의 『영국 노동계급의 상황』은 그 당시 아동 노동의 실상을 잘 보여 주지. 10살 넘은 아이들은 탄광 갱도에서 석탄 수레를 끌었어. 심지어 6살 미만의 어린이조차 탄광에서 일했다는 기록이 있지. 탄광에서 어린이 노동이 성행한 이유는 체구가 작아서 갱도를 좁게 파도 되었기 때문이야. 갱도를 덜 파는 만큼 돈을 아낄 수 있었지. 탄광촌의 임대 주택도 끔찍했어. 세 가족이 방 한 칸에서 생활했다는 보고도 있어. 세 사람이 아니라, 부모와 자녀로 구성된 세 가족이 말이야. 12~16시간씩 일하는 시간을 제외하면 어차피 집에서 보내는 시간이 8시간 정도밖에 안 됐기 때문에 가능했던 일이지. 집에서는 거의 잠만 잤으니까.

1819년 아동 노동을 규제하는 법안이 영국 의회에 상정됐어. 그런데 9살 미만의 아동들만 고용이 금지되고, 10살부터는 여전히 고용이 가능한 법안이었지. 법안은 아이들의 건강을 걱정(?)해서 노동 시간을 하루 12시간으로 제한했어. 그나마도 근로 환경이 노동자의 건강에 특별히 유해하다고 인정된 면직 공장에만 적용됐지. 즉 다른 공장에서는 여전히 9세 미만의 어린이들을 고용할 수 있었어.

그러나 이 법안은 거센 반발에 부딪히게 되지. 반대파들은 이 법안이 자유 시장의 기반을 파괴한다고 주장했어. 해당 법안이, 일을 원하는 아이들과 아이들의 노동을 원하는 공장주들 사이에 자유롭게 체결된 고용 계약을 침해한다는 거였지. 즉, 신성한 계약의 자유가 해당 법안으로 침해된다는 주장이었어. 그들은 아이들에게 일할 자유를, 공장주들에게 고용의 자유를 보장해야 한다며 목소리를 높였지. 19세기에 아동 노동은 너무나 당연한 현실이었던 거야.

· 어떤 규제는 필요하다

21세기 대한민국에 아동 노동은 존재하지 않지. 왜? 법으로 아동 노동을 금지하고 있기 때문이야. 이처럼 규제가 꼭 필요한 분야가 있어. 반면에 '규제 = 나쁜 것'이라는 인식도 있지. 그와 같은 인식은 언제부터 널리 퍼졌을까?

1970년대 두 차례의 석유 파동을 겪고 경기 침체와 인플레이션이 동시에 일어나는 '스태그플레이션' 현상이 일어나면서 세계 경제는 큰 변화를 맞게 되지. 이때부터 소위 신자유주의가 위

스태그플레이션(stagflation)은 경기 침체(stagnation)와 물가 상승(inflation)의 합성어야. 경기 활성화를 위해 정부가 팽창적인 재정 정책을 쓰면 경기가 활성화되지만 통화량 증가로 인플레이션이 발생하지. 인플레이션은 통화량이 늘어나면서 화폐 가치가 떨어지고 물가가 오르는 현상이야. 반면에 물가 안정을 위해 정부가 긴축적인 재정에 나서면 경제 성장이 둔화되지. 이처럼 경기 침체와 인플레이션은 일반적으로 상충 관계에 있어. 그런데 1970년대 경기 침체와 인플레이션이 동시에 발생하는 스태그플레이션이라는 새로운 현상이 발생했지. 당시 석유 가격이 폭등하면서 원자재 가격과 상품 가격이 상승하자 상품이 팔리지 않게 됐어. 재고가 쌓이고 생산이 위축되면서 경기는 침체됐지만, 석유 가격 상승으로 전반적인 물가는 매우 높은 상황이었지.

세를 떨치기 시작했어. 신자유주의는 규제 완화, 자유 시장, 시장 개방 등을 특징으로 하지. 여기서 규제 완화는 정부가 각종 규제를 통해 기업 활동을 제약해 경제의 활력을 떨어뜨린다는 생각에서 나왔어. 우리 정부도 이런 관점에서 규제 완화를 부르짖고 있지. 박근혜 대통령도 규제를 '손톱 밑 가시'라고 비유한 적이 있어.

"규제 개혁이라고 쓰고, 일자리 창출이라고 읽는다."(2014년 2월19일)
"돈 한 푼 들이지 않고 투자를 늘릴 수 있는 방법은 규제 개혁뿐이다."
(2014년 2월25일)

박근혜 대통령이 한 말들이야. 규제 완화를 개혁으로 보고 있지. 하지만 일자리가 부족한 이유는 규제 때문이 아니야. 앞에서 대기업 문제를 논하면서 설명했잖아. 기업들이 최대한 자유를 누릴 때 가장 효율적일까? 정말 기업 활동의 자유를 제한하면 효율성이 떨어져 경제에 해로울까? 규제만 없애면 경제가 좋아질까?

무조건적인 규제 완화를 개혁이 아니라 개악改惡으로 보는 시선도 있어. 시대에 뒤처진 규제를 시대에 맞게 고치고, 잘못된 규제를 없애는 것이 개악은 아닐 거야. 다만 모든 규제가 없어져야 할 대상인 건 분명 아니지. 꼭 있어야 할 규제를 없앤다면 개악이 될 수도 있어.

시장 경제에서 규제가 하는 역할에 대해서 네 가지로 정리할 수 있어. 첫째, 자유 시장이란 애초에 존재하지 않아. 규제가 전혀 없는 완벽하게 자유로운 시장은 이 세상에 없지. 우선 무엇을 사고팔 수 있는지에 대한 규제가 있어. 인간의 장기나 살인 청부 등은 시장에서 거래될 수 없는 재화와 서비스야. 시장에 누가 참여할지에 대한 규제도 있지. 은행 설립은 일정 수준 이상의 자본을 보유한 기업에 한해 허가하지. 은행이 쉽게 파산하는 것을 막아 예금자를 보호하기 위해서야. 또, 앞에서 지적한 것처럼 오늘날에는 아동 노동을 금지하여 노동 시장에 아동이 아예 진입할 수 없도록 하고 있지.

상품의 가격도 시장에서 자유롭게만 결정되는 게 아니야. 우리는 상품 가격이 수요와 공급의 법칙에 따라서 결정된다고 생각하지. 물론 부정할 수 없는 사실이야. 다만 상품 가격에 영향을 주는 임금과 이자율 등은 시장에서 결정되지 않지. 가령 법으로 정해진 최저 임금이나 중앙은행에서 결정하는 이자율 등을 생각해 봐. 최저 임금이나 이자율 등은 시장이 아니라 정치적으로 결정되는 거야.

둘째, 기업의 이익에 반하지만 꼭 필요한 규제들이 있어. 예를 들어 각종 안전 기준들이 그렇지. 대표적인 안전 분야에는 화재, 식품, 교통 등이 있어. 특히 화재에 대비한 비상구, 선박의 과적에 관한 규제 등은 사회적으로 꼭 필요한 규제들이야. 세월호 참사에서도 분명히 확인됐던 사실이잖아. 안전뿐만 아니라 환경이나 노동 조건 등에 대한 규제들도 기업의 영업 활동에 부담이 되더라도 반드시 필요하지.

세월호 예를 들어 볼까. 세월호 사고는 무분별하게 규제를 완화하고 그나마 있던 규제마저도 제대로 지키지 않아서 일어난 참사야. 우선 배의 연령 규제를 20년에서 30년으로 풀어 줬지. 규제 완화를 부르짖은 이명박 정부 시절에 결정된 일이야. 그 바람에 일본에서 18년이나 된 낡아 빠진 배를 들여올 수 있었어. 또한 무리한 구조 변경과 과적은 그나마 있던 규제조차 제대로 지키지 않은 결과였지.

셋째, 기업 활동에 도움을 주는 규제들도 많이 있어. 가령 기업은 노동자 교육에 충분히 투자하지 않는 경향이 있지. 다른 기업에서 이미 훈련시킨 노동자를 빼 오면 교육에 투자하는 것보다 비용이 덜 드니까. 그러다 보면 교육에 투자하는 기업들이 점점 줄어들겠지. 결국 전체 노동력의 질은 떨어질 수밖에 없어. 이런 상황에서 정부가 기업에 노동자 교육을 강제한다면 모든 기업이 혜택을 볼 수 있겠지.

넷째, 규제가 없으면 아예 존재하기 어려운 시장들이 있지. 일반 공산품은 소비자가 사용해 보고 제품의 질을 어느 정도 파악할 수 있어. 그런데 의약품의 경우 안전성, 효과 및 부작용 등을 소비자가 직접 파악하기란 쉽지 않잖아. 직접 파악해 보려다 실험용 생쥐 꼴이 되겠지. 이럴 때는 정부가 제품의 질을 엄격하게 규제할 필요가 있지. 그래야 소비자가 안심하고 제품을 사서 쓸 수 있을 테니까.

이처럼 규제가 기업 활동이나 경제 성장에 무조건 나쁜 건 아니야. 모든 규제가 기업에 좋은 건 아니겠지만, 기업 활동에 꼭 필요한 규제도 분명 있지. 경제학자 장하준에 따르면 규제가 많았던 1950~60년대에 선진국의 경제는 연평균 3.2% 성장했어. 반면에 규제가 완화된 이후 30년 동안 미국의 성장률은 1.8%에 불과했지. 높은 성장률이 규제 덕분은 아니겠지만, 규제가 무조건 경제 성장에 방해가 된다고 한다면 높은 성장률을 설명할 길이 없겠지.

· 규제는 중력과 같다

규제가 많아도 돈이 될 것 같으면 기업은 사업을 벌이지. 반대로 규제가 적거나 없어도 돈이 안 될 것 같으면 기업은 투자를 하지 않아. 1990년대 우리나라는 엄청나게 많은 규제를 가지고 있었지. 예를 들어 공장 하나를 세우려면 200여 개 기관에서 무려 300개의 인허가를 받아야 했어. 하지만 사업이 잘될 것 같으면 그런 것은 큰 문제가 되지 않지. 당시 우리 경제는 8~9%의 높은 성장률을 유지했어.

장하준의 『나쁜 사마리아인들』을 보면, 1980~90년대 사이에 개발 도상국들은 선진국들의 압박에 못 이겨 자본 시장에 대한 규제를 풀고 개방했어. 그런데 자본 시장이 개방되기 이전보다 훨씬 자주 금융 위기가 발생하게 됐지. 개방되지 않았던 1945~1971년 사이에 개발 도상국들에서는 금융 위기가 단 한 번도 발생하지 않았고, 통화 위기는 16번 일어났어. 반면에 1973~1997년 사이에 개발 도상국들은 17번의 금융 위기와 57번의 통화 위기를 겪었지. 1998년 이후에도 브라질, 러시아, 아르헨티나 등에서 여러 번의 대규모 금융 위기가 발생했어.

규제는 중력과도 같아. 중력이 존재하지 않으면 하늘을 자유롭게 날아다닐 수 있을 것 같지? 그렇지만 중력이 아예 없다면 우리는 지구 밖으로 튕겨 나가게 돼. 중력 덕분에 땅 위를 걸을 수 있는 거야.

2014년, 세계은행이 선정한 기업하기 좋은 나라에서 한국은 세계 5위를 차지했어. OECD 회원국 가운데는 덴마크, 뉴질랜드에 이어 무려 3위였지. 전 세계에서 한국이 그 정도로 좋은 성적을 내는 분야도 흔치 않지. 세계에서 가장 높은 한국의 자살률, 가장 낮은 한국의 출산율 등을 떠올려 봐. 그만큼 기업 활동을 제한하는 규제가 이미 많이 풀린 거야. 특히 지난 이명박 정권부터 줄곧 규제가 완화되어 왔지. 박근혜 정부에서도 마찬가지였고. 과연 기업하기 좋은 나라가 모두에게 좋은 나라일까?

2015년, 박근혜 정부는 일자리 창출이라는 이름 아래 노동 개혁을

자본 시장 개방 이전 1945~1971년

금융 위기 0
통화 위기 16

개발 도상국 금융 위기 발생 횟수

자본 시장 개방 이후 1973~1997년

금융 위기 17
통화 위기 57

추진했지. 노동 개혁은 대표적인 규제 완화 정책 중 하나였어. 당시 노동 개혁의 핵심은 '쉬운 해고'였지. 기존 노동자들을 보다 쉽게 해고할 수 있도록 함으로써 새로운 일자리를 늘리겠다는 거였어. 해고의 자유가 확보되면 일자리가 정말로 늘어날까? 이는 어불성설이야. 새로운 일자리를 만드는 게 아니라, 기존 노동자를 해고하고 새로 노동자를 뽑는 것에 불과하지. 물론 새로 뽑은 노동자는 비정규직이 될 공산이 커. 이미 비정규직이 680~850만 명에 이르는 상황이었는데 말이야. 결국 일자리 문제가 마치 기존 노동자들이 일자리를 움켜쥐고 버티고 있어 발생한 문제인 것처럼 호도했던 거지.

규제 때문에 경제가 제대로 안 돌아간다는 생각은 근본부터 다시 점검해 봐야 해. 이미 충분히 기업하기 좋은 나라에서 규제를 더 없애겠다는 건, '기업하기 좋은 나라'에서 아예 '기업을 위한 나라'로 만들겠다는 것밖에 안 되겠지. 규제에 대한 이러한 시각을 염두에 두고 기업 활동의 자유에 대해서 보다 근본적으로 고민해 볼 필요가 있어.

15

시장 경제만이
답이라는 **생각**

나눔과 공유로 이루어지는 선물 경제

흔히 시장 경제가 보편적이라고 생각하지. 우리는 지금의 시장을 당연시하고, 시장이 옛날부터 있어 왔다고 생각하는 경향이 있어. 시장 경제 이외의 다른 경제를 경험해 본 적이 없으니까 말이야. 그러나 시장 경제가 당연하고 보편적인 건 아니야. 칼 폴라니는 『거대한 전환』에서 자본주의 시장의 허구성을 지적하지. 폴라니에 의하면 자본주의 시장의 보편성은 역사적 사실이 아니야. 1750년경 자본주의가 등장하기 전까지는 오늘날과 같은 시장이라는 개념은 존재하지 않았지. 고려 시대나 조선 시대에 장터가 없었다는 얘기가 아니야. 오늘날과 같은 개념과 규모의 시장이 없었다는 거야.

과거에 시장이 있었다고 해서, 그 시장이 오늘날의 시장과 같은 원리로 작동했다고 착각하면 안 돼. 중세를 포함한 자본주의 이전 사회의 시장은 오늘날과 같은 이윤 추구의 가격 시장과는 완전히 달랐어. 그러니까 옛날에는 자유 시장에서 수요와 공급이 만나는 지점에서 가격이 결정되는 방식이 아니었지. 그때는 이윤이 아니라 '필요와 생존(생계) 관념'이 지배적이었어. 시장에 대한 우리의 상식과 많이 다르지?

시장에 대한 우리의 상식은 이런 식이잖아. 처음에 자급자족하던 인간이 필요에 의해 물물 교환을 하게 되고, 더 나아가 노동 분업이 발생했다고 말이야. 그리고 물물 교환마저 불편해지자 화폐가 만들어졌다고. 그러니까 시장 경제는 어디까지나 화폐와 등가等價 교환이 지배하는 경제가 될 수밖에 없지.

그런데 이런 생각에는 허점이 있어. 가령 물물 교환 과정이 불편해 화폐가 생겼다면 화폐의 단위가 커서는 안 될 거야. 단위가 너무 크면 교환이 불편해질 테니까 말이지. 불편을 해소하기 위해 만든 화폐가 불편을 더욱 가중시키면 안 되겠지. 그런데 세계 최초의 화폐 중 하나인 리디아 왕국(기원전 650년경)의 동전을 볼까. 이 동전의 단위는 소 5마리야. 당시는 물론 지금의 관점에서도 결코 작은 단위가 아니지.

물물 교환에 대해서도 생각해 볼 필요가 있어. 물물 교환의 불편함 때문에 화폐가 생겨났다고 하잖아. 어떤 이는 곡물이 남는데 고기가 필요하고, 다른 이는 고기는 남는데 곡물이 필요하다고 해 볼까. 그런데 이 두 사람이 바로 만나기란 쉽지 않지. 따라서 사람들은 타인이 거절하지 않으리라 생각하는 상품을 확보하기 위해서 노력할 거야. 그것은 소금일 수도 있고 장신구일 수도 있지. 이게 바로 화폐의 기원이야.

그런데 여기에도 한계가 있어. 바로 공동체가 빠져 있다는 거지. 필요와 부족함을 느낀 개인들끼리의 물물 교환이잖아. 그런데 인류학자들의 연구에 따르면 원시 부족들에서 교환과 계약의 주체는 개인이 아니라 공동체였어. 교환 현장에서 서로 얼굴을 맞대고 교환하는 주체가 씨족이나 부족, 하다못해 가족이었다는 거야. 집단을 벗어나 개인들끼리 하는 교환은 찾아보기 어렵다고 하지.

또한 원시 부족들 사이의 교환(더 정확히는 증여에 가까워.)은 경제적인 것으로 한정되지 않아. 다시 말해 곡물이나 고기 등만 주고받지 않았다는 거야. "교환되는 것은 경제적으로 유용한 것만이 아니라 의례, 향연, 군무軍務(일종의 군사적 서비스), 여자, 어린이, 춤, 축제 등이다." 프랑스의 사회학자이자 인류학자인 마르셀 모스가 『증여론』에서 한 말이야. 즉 교환의 목적은 경제적 필요뿐만 아니라 공동체 내부의 질서 유지, 공동체끼리의 유대 강화 등 복합적이었지.

· 태초에 선물이 있었다

그렇다면 오늘날과 같은 시장 경제가 등장하기 이전에는 어떤 경제가 있었을까? 바로 선물 경제야. 근대 이전의 사회는 대부분 선물이 넘쳐흘렀지. 아메리카 인디언들이나 남태평양 부족들이 선물의 문화 속에서 산다는 것은 인류학자들의 연구를 통해 잘 알려졌어. 인류학자들은 수많은 사례를 통해 원시 사회가 선물에 의해 유지된다는 사실을 보여 주지. 부족들의 생활은 물건을 주고받는 선물의 체계에 기반하고 있었어.

마르셀 모스는 『증여론』에서 아메리카 인디언의 '포틀래치'와 남태평양 원시 부족의 '쿨라' 등을 소개하고 있어.(사실 쿨라는 인류학자 말리노프스키가 처음 조사했지.) 포틀래치는 인디언 언어로 '소비하다'라는 뜻이야. 대개 자녀의 탄생, 신분이나 지위 계승식, 신축 가옥의 상량식 등에 사람들을 초대해 베푸는 축하 잔치를 가리키지.

포틀래치에서는 선물을 받으면 그보다 더 많은 양의 선물로 답해야 하지. 파산할 정도로 베푸는 것이 관습이야. 믿기 어려운 이야기지만, 사실이야. 그렇게 답례하지 못하면 패자가 돼. 패자는 비유가 아니야. 패자가 되면 체면을 잃게 되거나 심한 경우 노예 신분이 되기도 했어. 최후의 승자는 남들이 더는 갚아 줄 수 없을 정도의 규모와 횟수로 선물한 사람이야. 최후의 승자가 대개 부족의 추장이 되지. 그러니까 추장이 되고 싶은 사람은 자기가 가진 모든 것을 다른 이에게 선물해야 해. 이들에게 권력은 주는 것이지 받는 것이 아니었어. 오늘날은 정반대지. 권력자는 가장 좋은 것을 갖고, 가장 많은 것을 누리지.

쿨라는 선물 교환이라고 이해하면 돼. 남태평양의 원주민들은 선물의 고리로 이어져 있어. 가령 트로브리안드 제도의 원주민들을 볼까. 어떤 원주민들이 다른 원주민들에게 선물을 건네지. 그러면 그 원주민들은 선물을 준 원주민들이 아니라 또 다른 원주민들에게 답례를 해. 선물을 받은 다른 원주민들 역시 또 다른 원주민들에게 선물을 주지. 선물이 선물을 낳는 셈이야. 절대 맞교환이 아니지.

A와 B가 주고받는 식이 아니라 A가 B에게, B가 C에게, C가 A에게 주는 식이지. 선물은 돌고 돌아 결국 최초로 선물한 사람들에게 돌아오는 거야. 모두가 선물을 건네고, 또 모두가 선물을 받는 셈이지. 이들에게 선물은 서로를 비추는 축복의 빛이야. 이들은 선물을 동시에 교환하지 않지. 그러니까 증여받고 나서 일정한 시간이 흐른 뒤에 증여하는 형태를 취하지.

오늘날 선물은 철저하게 교환, 혹은 거래의 형식을 띠고 있지. 우리에게 선물은 빛이 아니라 빚이니까. 우리는 받은 만큼 주고자 하고, 또 준 만큼 돌려받으려고 하지. 여기서 '만큼'의 기준은 어디까지나 시장 가격이야. 선물이 언제나 화폐 가치로 환산되는 까닭이지.

때로는 돈 자체가 선물이 되는 경우도 있어. 결혼식 축의금 같은 게 대표적이지. 거래 형식의 선물로 초콜릿과 사탕을 주고받는 각종 '데이'들도 빼놓을 수 없을 거야. 무슨 무슨 데이들은 일종의 선물 주고받기 게임이라 할 수 있지. 받은 만큼 돌려주고, 준 만큼 받으려고 하지. 그래서 우리가 주고받는 선물은 빚인 거야. 서로에게 지우고 갚아야 할 빚 말이야. 이 게임들은 어디까지나 상업적인 목적에서 만들어졌어. 어쩌면 이것은 "자본과 상업이 선물 제도에 선물한 최악의"(이진경, 『뻔뻔한 시대, 한 줌의 정치』, 330쪽) 선물이 아닐까?

오늘날에는 결혼식이나 장례식, 돌잔치 등 경조사에 돈을 주고받는 것이 당연하게 여겨지지. 그러나 우리 전통이 꼭 돈을 주고받는 건 아니었어. 국어사전에도 부조(扶助)를 '잔칫집이나 상가(喪家) 따위에 돈이나 물건을 보내어 도와줌'이라고 풀이하고 있지. 꼭 돈일 필요는 없는 거야. 소설가 공선옥의 『마흔에 길을 나서다』에는 한 할아버지의 오래된 부조 기록장이 나오지. 거기에는 김만갑 검은 고기 다섯 마리, 박춘곤 꿩 한 마리, 이런 식으로 돈이 아니라 직접 키운 가축이나 먹을거리를 부조한 기록이 적혀 있어.

· 선물 경제의 귀환

선물의 의미가 이렇게 변질된 오늘날, 진정한 의미의 선물 경제가 과연 존재할까? 현대적인 의미의 선물 경제는 인터넷이 대중화되면서 본격적으로 나타나기 시작했어. 인터넷의 탄생은 이윤을 목표로 한 게 아니었지. 인터넷을 창조해 낸 이들은 그들의 지혜와 기술을 무료로 공개하고 나누었지. 앞에서 살펴본 월드 와이드 웹을 개발한 팀 버너스 리가 대표적이야.

우리가 검색 엔진에 질문을 넣어서 얻는 수많은 결과들은 어떨까? 우리가 얻은 정보들의 상당수는 보상을 바라지 않고 인터넷에 정보를 올린 이들로부터 온 거야. 손쉬운 디지털 복제는 나눔과 공유를 가능하게 하지. 나눔과 공유는 선물 경제에 가까워. 즉각적인 보상이 없어도 재화나 서비스가 거래되니까. 물론 인터넷 자체가 선물 경제는 아니야. 인터넷에서 이루어지는 전자 상거래, 물품 직거래 등은 기존의 시장 경제 안쪽에 존재하니까 말이야. 그러나 자신이 만든 소프트웨어를 무료로 공개하고, 협동해서 만든 창작물을 아무런 대가 없이 공유하는 흐름은 상품이 아니라 선물의 영역에 속하지.

오픈 소스 운동이 대표적이야. 오픈 소스open source는 소프트웨어나 하드웨어의 제작자 권리를 지키면서 소프트웨어의 설계도에 해당하는 소스 코드(핵심 기술)를 누구나 열람할 수 있도록 공개하는 거지. 오픈 소스 운동에서 가장 성공적인 소프트웨어가 바로 리눅스Linux야. 리눅스 버전 중에 '우분투Ubuntu'라는 배포판이 있어. '우분투'는 남아프리카공화국 줄루족 말로 '네가 있으니 내가 있다'는 뜻이지. 쉽게 말해, '인간은 다른 사람 덕분에 존재할 수 있다'는 의미야. 리눅스의 정신을 잘 표현한 이름이지. 남아프리카공화국의 백만장자 마크 셔틀워스가 개발과 배포에 필요한 모든 자금을 후원하고 있어 세계 어디에서나 신청만 하면 우분투 설치 CD를 무료로 받아 볼 수 있어.

리눅스는 공유기 같은 초소형 기기부터 슈퍼컴퓨터와 메인프레임(대형컴퓨터) 분야까지 전 영역에서 사용되며, 서버와 고성능 컴퓨터 시장에서 지배적인 운영 체제야. 전 세계 서버용 OS의 27%를 차지하고 있지. 그렇다면 리눅스는 왜 우리에게 생소한 운영 체제일까? 리눅스가 침투하지 못한 분야는 데스크톱 컴퓨터뿐이야. 그래서 리눅스가 우리에게 다소 생소하게 여겨지지. 우리나라에서 데스크톱은 대부분 마이크로소프트의 윈도우를 운영 체제로 쓰니까. 리눅스는 윈도우와 달리 무료로 배포되고 사용자의 자발적인 참여로 개선되는 운영 체제야. 1990년대에 핀란드 리누스 토발즈가 개발해 인터넷에 소스를 공개함으로써 널리 보급되었지.

우리는 시장 경제 안에서 산다고 생각하지만, 실은 드넓은 선물 경제 안에서 살고 있어. 집 앞에 쌓인 눈을 치우거나 인터넷에 올라온 질문에 자신의 지식과 경험을 나누는 일은 경제적 대가를 바라고 하는 게 아니야. 행위의 목적이 '돌려받기'가 아닌 '관계 맺기'이기 때문에 이런 일들이 가능하지. 이런 일들은 화폐가 지배하는 시장 바깥에서 이뤄지지만, 사회를 떠받치는 중요한 버팀목이 되지. 시장 경제가 등가 교환이라면, 선물 경제는 순환 교환인 셈이야. 돌려받을 생각으로 준 것이 아니지만, 선물은 돌고 돌아 언젠가 내게 오기 마련이지. 이 순환 고리가 많아질수록 사회가 더 풍요로워질 수 있어.

16

개인의 불행은
오직 개인의 몫
이라는 **생각**

복지가 필요한 까닭

우리는 서구 사회를 크게 두 가지로 구분할 수 있어. 하나가 미국식 사회라면, 다른 하나는 유럽식 사회야. 더 정확히는 북서유럽식이 맞겠지. 미국과 가장 대비되는 쌍은 북유럽이야. 미국식 사회와 북서유럽식 사회는 공통적으로 시장 경제 체제를 유지하고 있어. 차이점은 복지에서 나타나지.

미국식 시장 경제는 복지 개념이 약해. 의료부터 대학까지 모두 개인의 몫이야. 철저히 개인이 책임지는 구조지. 반면에 북유럽식 시장 경제는 사회적 연대에 기초하고 있어. 쉽게 말해 사회 보장 제도가 잘 갖춰져 있어. 나라마다 차이는 있지만, 기본적으로 의료와 교육이 무료야. 일부는 대학원까지 전액 무료지.

우리는 미국을 살기 좋은 나라로 생각해. GDP가 세계에서 가장 높으니까. 하지만 복지의 관점에서 미국은 대단히 후진적이야. 대표적으로 최근까지 미국에는 우리의 건강보험과 같은 공적 의료 보험이 없었지. 2억 5천만 명이 민간 의료 보험에 가입돼 있었고, 나머지 5천만 명은 의료 보험 사각 지대에 놓여 있었어. 거짓말 같지?

의료 보험의 사각 지대에 놓인 이들의 고통은 마이클 무어 감독의 다큐멘터리 영화 〈식코sicko〉(2007)를 통해 널리 알려졌어. 배우들이 연기를 한 것이 아니라, 미국 의료 제도의 모순과 폐해를 적나라하게 보여 주는 사례를 담은 작품이지. 민간 의료 보험에 가입하지 못한 이들의 고통은 이루 말할 수 없어. 회전 톱날에 절단된 손가락을 봉합하는 수술비가 너무 비싸 두 손가락 중 하나를 포기하고, 찢어진 자기 무릎을 직접 실과 바늘로 꿰맬 정도지. 세계 경제 1위인 나라의 현실로 믿기지 않을 거야. 진짜인지 확인하고 싶다면 〈식코〉를 꼭 찾아서 보길 바라.

2014년에야 '오바마 케어'라는 이름으로 공적 의료 보험이 생겼어. 이전까지 미국에는 공적 의료 보험 제도가 없었지. 5천만 명을 완전히 방치해 두고 있었어. 극단적으로 표현하자면, 돈 없으면 아예 죽으라는 거였지.

미국은 선진국 가운데 유일하게 좌파 정당이 없는 나라야. 좌파는 우파에 비해 복지와 분배를 더 강조하지. 또한 노동자 계급의 조직률, 즉 노조 가입률도 서구 사회에서 가장 낮지. 노조 가입률이 왜 중요할까? 노조가 없으면 정부 정책에 사회적 약자들의 목소리가 반영되기 어렵기 때문이야. 미국이 현재 그런 실정이지.

한마디로 복지를 적극적으로 내세우는 정치 세력과 그들을 밀어주는 사회 세력이 부재하기 때문에 복지가 더디게 발전하지. 사회 보장 제도를 통해 소득을 재분배하지 못하다 보니 나라 전체의 부가 골고루 퍼져 나가지 않고 있어. 동맥경화처럼 한쪽에만 쌓일 뿐이야. 결코 건강한 경제라고 할 수 없지. 미국인 7명 가운데 1명은 정부의 식비 지원이 끊기면 생존조차 어렵다고 해.

· 필수재를 상품에서 탈상품으로

우리는 어떨까? 우리나라도 의료와 교육이 무료가 아니야. 우리는 이런 서비스를 우리 돈으로 직접 구입해. 물론 국민건강보험이 있지만 치료비의 일부를 본인이 부담하지. 그것 말고도 육아 도우미, 각종 학원비, 대학 등록금 등도 모두 개인 부담이야. 이런 것들을 개인이 부담하는 게 당연할까? 인간이 살아가는 데 필요한 거의 모든 필수재를 시장에서 개인이 구입해야 하는 결과는 참담하지.

케이블 채널에서 가장 흔한 광고가 대출 광고야. 두 번째는 보험 광고지. 국민건강보험이 부실하니 민간 보험이 득세하는 거야. 이런 광고들은 한국인의 삶이 얼마나 팍팍한지 역설적으로 보여 주지. 삶의 질과 관련해서 안 좋은 것들은 세계에서 수위를 달리고, 좋은 것들은 OECD에서 최하위에 머무르지.

자살률 10년 연속 세계 1위, 산재 사망률 1위, 노인 빈곤율 1위, 노동 시간 2위, 임금 불평등 2위……. 불명예스러운 타이틀을 많이 가지고 있는 반면에 출산율 12년 연속 세계 최저(1.3명), OECD 34개 회원국에서 행복지수 33위(한국보건사회연구원), GDP 대비 복지 예산 비율 꼴찌,

아동 삶의 만족도 꼴찌, 삶의 질은 135개국 중 75위(미국 갤럽) 등 국민 복지와 관련된 항목들은 줄줄이 바닥을 기고 있지. 아주 긴 불행의 명세표가 끝도 없이 이어지지.

아동가족복지 지출은 국가가 아동수당, 육아휴직, 보육 및 가사 서비스 등에 사용하는 지출이야. 아동가족복지 지출이 많을수록 출산율과 여성의 경제 활동 참가율 등이 높아지지. 한국의 아동가족복지 지출은 GDP 대비 0.8% 수준이야. OECD 국가들 중 최하위에 속하지. 그 결과는? 바로 세계 최저의 출산율이지. 한국의 출산율은 1970년대 4.53명에서 1990년 1.57명으로 낮아졌어. 2005년에는 1.07명까지 떨어졌지. 2000년대 이후 평균 1.2명 언저리를 머물고 있어.

대체 출산율이라는 게 있어. 현재의 인구 규모를 유지하기 위해 필요한 최저 출산율을 뜻하지. 대체 출산율은 대략 2.1명이야. 부모가 최소한 두 명(2.0)은 낳아야 현재 수준의 인구가 유지될 수 있다는 거지. 나머지 0.1명은 질병과 사고와 재난 등으로 줄어들 인구 감소분을 감안하면 어렵지 않게 이해할 수 있을 거야. 한국의 출산율은 1983년 이래로 2.1명 아래로 떨어졌고, 여태껏 회복하지 못하고 있지.

출산율이 왜 중요할까? 부양해야 할 노인 인구는 갈수록 늘어나는데, 부양할 수 있는 노동 인구가 줄어들기 때문이야. 만약 지금의 출산율이 지속된다면 2100년 대한민국 인구는 현재의 50% 수준으로 줄고 2500년에는 30만 명 수준으로 줄어들어 나라 자체가 사라질 수 있다는 비관적인 전망이 나오고 있어.

OECD 국가들 중 한국이 수위를 달리는 것들

자살률 10년 연속 1위

산재 사망률 1위

노인 빈곤율 1위

노동 시간 2위

임금 불평등 2위

너희들 학원비는 또 어떻고. 한국에서 자녀 한 명을 대학까지 졸업시키려면 평균 3억 1000만 원이 들어간다고 해.(《전국 출산력 및 가족보건 실태 조사》) 고소득층의 얘기가 아니라 평균이 그렇다는 거야. 사교육 때문에 등골이 빠진다는 말이 절대 과장이 아니지. 한국의 GDP 대비 교육비 민간 지출 규모는 OECD 국가들 중 1위야. OECD 평균이 0.9%인데 반해 한국은 2.8%나 되지. 전체 교육비 지출에서 공적 지출이 차지하는 비중이 적고, 그 공백을 민간에서 경쟁적으로 채우고 있어. 그래서 부모의 소득별로 사교육의 양과 질이 달라지고, 그 결과 학력 격차가 심화되고 있지.

그렇게 대학에 들어가면 높은 대학 등록금이 우리를 기다리고 있어. 비싼 등록금은 학생들의 가슴에 채무자라는 이름표를 달아 주지. OECD에 따르면 한국의 사립대 등록금은 9586달러로, 미국에 이어 두 번째로 높았어. 미국은 사립대 등록금이 비싸지만, 전체 대학의 68%가 국공립대학이지. 반면 한국은 사립대가 76%를 차지해. 그러나 정부가 대학 교육에 투입하는 예산은 GDP의 0.6%에 불과하지. 때문에 교육비의 대부분을 교육 수요자, 즉 학부모가 부담하는 실정이야. OECD 국가들의 등록금 부담률이 소득 대비 10분의 1 수준인 반면에 한국은 무려 3분의 1이나 되지. 문제는 여기서 끝나지 않아. 이와 같은 높은 부담률이 계층에 따라 더욱 가중되고 있어.

소득 10분위 가운데 하위 1~3분위의 연간 소득 대비 등록금 부담률은 평균 44.1%에 달해. 이는 상위 8~10분위의 9.3%보다 5배나 많은 거야. 특히 소득 하위 10% 가구는 연간 소득 대비 등록금 부담률이 무려 98%에 이르지. 다시 말해 자녀 1명을 대학에 보내려면 연간 소득의 전부를 써야 하는 거야. 여기에 지방에 사는 사람이 자녀를 서울에 있는 사립대에 보내려면 자취나 기숙사 등의 주거비와 생활비 등을 따로 부담해야 해. 옷값, 문화비 등을 제외하고 등록금과 주거비, 생활비만 어림잡아도 1600만 원이 넘지. 소득 하위 10%의 경우에는 연간 소득 전부를 쓰고도 빚을 내야 자녀를 대학에 보낼 수 있다는 계산이 나오는 거야.

게다가 더 큰 부담이 남아 있지. 불행이 언제 느닷없이 닥칠지 모르잖아. 언제 큰 병에 걸릴지, 언제 사고를 당할지, 언제 직장에서 잘릴지 아무도 모르지. 누구나 불운을 겪을 수 있으니까 그러한 불행에 미리미리 대비해야 해. 목돈을 비축해 두고, 그게 어렵다면 보험에도 들고 재테크라도 해야지. 재테크는 돈 있는 사람들만 하는 게 아니야. 오히려 돈 없는 이들이 재테크에 더 열심이지. 어차피 수입은 한정되어 있고, 한정된 돈을 조금이라도 더 불리자면 재테크는 필수라 하겠지. 서민들이 재테크와 복권에 빠질 수밖에 없는 현실인 거야.

많은 사람이 의료 실비 보험에 가입되어 있어. 실비 보험료로만 한 달에 최소 몇 만원씩 들어가지. 이 돈을 국민건강보험에 보태서 보장성을 더 높이거나, 아니면 조금 더 부담하고 완전 무상 의료로 가면 안 될까? 어차피 내 주머니에서 나가는 돈이잖아. 그 돈의 행선지만 살짝 바꿔 주면 되지. 민간 의료 보험에서 국민건강보험으로.

2008년 기준 20세 이상 성인의 70%가량이 보험 회사들이 파는 생명 보험이나 상해 보험에 가입해서 1인당 월 평균 10만원의 보험료를 내고 있어. 2010년부터 복지국가소사이어티 등이 추진하는 '건강보험 하나로' 운동이 있지. 여기에 따르면 모든 가입자가 건강보험료를 30% 더 내면 유럽에서 시행 중인 무상 의료가 가능하다고 해. 1인당 월 평균 1만 1000원씩, 가구당 평균 2만 6000원씩 더 내면 되는 거야. 개인마다 보험료 차이가 있으니까 1만 5000원 내던 사람은 5000원을 더 내고, 15만원을 내던 사람은 5만원을 더 내면 되지.

　그런데 보험료를 30% 정도 더 낸다고 어떻게 무상 의료가 가능할까? 의료비는 그보다 훨씬 많이 들 텐데 말이야. 비밀은 사업자와 국가의 부담 증가에 있어. 건강보험의 직장 가입자의 경우 근로자가 부담하는 보험료만큼 사업자도 부담해야 하지. 즉 근로자가 보험료를 더 내면 사업자도 더 내야 하는 구조야. 뿐만 아니라 전체 보험금의 20%를 정부가 국가 재정에서 보태도록 되어 있지. 즉, 국민 부담이 늘어난 만큼 국고 보조금도 증가하게 돼 있어. 게다가 건강보험은 일반 보험 회사처럼 관리 운영비와 이윤으로 가져가는 부분이 전혀 없지. 따라서 보험료 전체를 가입자를 위해서 쓸 수 있는 거야. 이러한 점들 때문에 무상 의료가 가능하지.

복지는 공동 구매야. 공짜가 아니라 공구인 셈이지. 즉 복지를 하려면 세금을 통해서 재원이 마련되어야 해. 당장은 내 주머니에서 돈이 나가는 것 같지만, 결국에는 복지를 통해 돌려받게 돼 있지. 건강보험의 경우에 전 국민이 함께 의료 서비스를 공동 구매하는 거야. 내 이름으로 가입한 개인 보험은 나를 위한 것 같고, 국민건강보험은 국민이라는 이름의 남을 위한 것 같아? 그건 어디까지나 착각이야. 공동 구매역시 나를 위한 것이고, 더 나아가 훨씬 경제적이지.

가령 개인이 의약품을 구입하는 것보다 국민건강보험공단 같은 정부 기관이 제약 회사와 직접 협상해서 약값을 조정하면 약값은 더 저렴해지지. 건강보험은 많은 의약품을 거래하는 만큼 당연히 값을 깎자고 요구할 수 있어. 게다가 국민 전체가 든든한 아군으로 버티고 있으니까 협상력도 강하겠지. 이런 원리는 의약품은 물론이고 의료, 교육등 광범위한 영역에 적용될 수 있어.

개인이 맞닥뜨린 불행을 오직 개인의 몫으로 돌리는 사회는 좋은 사회일 수 없어. 누구나 살면서 사고와 불행을 겪지. 큰 병에 걸려 아플수도 있고 갑자기 부모형제를 잃을 수도 있고, 또 내 의사와 상관없이 직장을 잃거나 사업이 망할 수도 있어. 그런 불행을 함께 짊어져야 좋은 사회인 거야. 일종의 '위험의 사회화'지. 개인의 위험이 곧 사회의 책임이 된다는 뜻이야.

누구나 아프면 적절한 치료를 받고 부모가 없더라도 적절한 양육과 교육을 받아야 해. 또 직장을 잃고 사업에 실패해도 다시 일어설 수 있는 기회를 얻어야 해. 충분한 실업 급여가 지급되고 자기 계발이 가능한 여건이 보장돼야 해. 삶의 방식은 저마다 달라도, 모두가 행복하게 살기를 꿈꾸지. 그 꿈 안에서 모두가 다함께 살아갈 방법을 찾자는 거야.

예전에 비해 개인이 사회적 위험을 감당하기가 점점 더 어려워지고 있지. 우선 수명이 늘어나면서 전체 생애 주기에서 노년기가 길어졌어. 반면에 은퇴 시기는 앞당겨지고 있지. 그렇지만 노후에 대한 대비는 부족한 실정이야. 저축을 통해 유사시에 대비할 수 있는 능력도 갈수록 떨어지고 있지. 1990년대는 평균 20% 내외의 저축률을 유지했지만, 1998년 경제 위기를 거치면서 저축률이 급락해 2009년에는 3.2%까지 떨어졌어. 이렇게 위험에 대한 개별적 대응이 쉽지 않은 상황이 사회적 대응의 필요성을 높이지.

2013년, 세 모녀가 자살한 사건이 있었어. 장성한 두 딸은 몸이 아파 일을 못하고, 나이 든 어머니가 혼자 벌어 생활해 왔지. 그런데 어머니까지 팔을 다쳐 생계가 막막해진 거야. 결국 그들은 동반 자살을 선택하고 말았어. 자살한 세 모녀처럼 목숨을 버릴 정도로 생활이 비참한 이들이 없어야만 해.

그러나 대한민국은 OECD 회원국 중에서 10년 넘게 자살률 1위를 기록하고 있어. 실업이든 질병이든 누구나 한번 수렁에 빠지면, 좀처럼 벗어나기 힘든 사회가 대한민국이야. 대한민국이 복지국가에 좀 더 다가서야 할 이유지. 복지국가는 우리가 각자 알아서 책임졌던 육아, 교육, 의료, 실업, 사고, 노후 등을 함께 책임지는 국가야. 개인이 혼자서 감당하기 어려운 문제를 함께 해결하려고 해야 해. 그래서 누구도 빈곤이나 실업의 비참함으로 목숨을 버리는 일이 일어나선 안 되지. 루소는 이렇게 말했어.

"민주 공화국이란 어느 누구도 자신을 팔아야 할 정도로 가난해서는 안 되며, 어느 누구도 다른 시민들의 굴종을 사 버릴 정도로 부유해서도 안 되는 사회다."

17

우리는
복지국가가 될 수
없을 거라는 **생각**

복지에 대한 오해

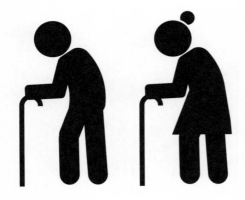

영국 병원에서는 환자에게 돈을 한 푼도 받지 않아. 아예 계산하는 곳이 없지. 'cashier'라고 써진 곳이 있기는 해. 그런데 이곳은 병원비를 계산하는 곳이 아니라 교통 약자에게 교통비를 내주는 곳이야. 그러니까 병원이 환자에게 돈을 받지 않고 오히려 주는 거지. 이게 바로 무상 의료야. 어때, 말만 들어도 감동적이지?

어떤 이들은 적극적으로 복지를 늘리기에는 대한민국과 복지 선진국은 사정이 다르다고 주장하기도 하지. 복지 선진국은 우리보다 국민소득이 훨씬 높다거나 자연 자원(화석 연료, 광물 자원, 관광 자원 등)이 풍부한 자원 부국이라는 근거를 대면서 말이야. 과연 그럴까? 대한민국과 복지 선진국의 현실은 얼마나 다를까?

우선 국민소득의 차이를 살펴볼까. 차이가 난다는 점은 인정해. 국민소득의 차이를 무시하고 똑같은 수준의 복지를 하자는 건 절대 아니야. 다만 복지 선진국들이 현재 우리의 국민소득이었을 때 누렸던 수준까지는 할 수 있겠지. 즉 적어도 국민소득 2만 달러에 걸맞은 복지를 할 수는 있잖아. 복지 선진국들은 대체로 제2차 세계대전 전후로 복지 체계가 자리 잡기 시작했지. 스웨덴에서 복지국가가 태동한 것은 1930년대 대공황 직후였고, 영국에서 국민의료체계NHS가 도입된 것은 1948년 제2차 세계대전 직후였어.

1930~40년대 이들의 국민소득은 2000달러에도 못 미쳤어. 이 시기

에 이들 나라에는 어떤 일들이 있었을까?

스웨덴은 1937년에 출산수당을, 1947년에 기초연금을, 1948년에 아동수당을 도입했지. 스웨덴은 일찍이 1891년 제정된 국민건강보호법을 시작으로 1901년 직업상해보험, 1913년 보통연금, 1931년 병가수당을 도입했어. 그리고 1947년 국민기본연금법('기초연금')과 아동수당법을 제정하면서 사회 복지 체제를 확립했지.

선진국들의 사회 보장 제도는 대략 1875년부터 1925년 사이의 50년 동안 놀랄 만한 발전을 이룩했어. 이 시기에 산업 재해 보험, 의료 보험, 실업 보험, 연금 제도 등이 도입되었거든. 그들이 국민소득 2000달러에 했던 일을 우리는 2만 달러가 돼도 못하고 있는 거야. 이게 무슨 의미일까? 국민소득이 20만 달러에 도달해도 영원히 복지국가가 되지 못할 수 있다는 거야. 가만히 손 놓고 있으면 복지국가는 절대로 오지 않아. 다시 한 번 강조할게. 사회 복지 제도는 그것이 필요하다고 생각한 이들이 정치적으로 결단함으로써 도입됐어. 선진국이 되면서 복지 체계를 구축한 나라는 없지. 모두 복지 제도를 정착시키면서 선진국이 되었어.

스웨덴의 사회민주당은 1932년에 정권을 잡았고 이후 1976년까지 장기 집권했어. 무려 44년 동안의 장기 집권이었지. 오해하진 마. 독재 정권은 절대 아니니까. 바로 이들이 스웨덴 복지의 기틀을 만들고 완성했지. 사회민주당은 스웨덴 전체를 '국민의 집people's home'으로 만들겠다는 목표 아래 복지 정책을 추진했어. 오늘날 실제로 스웨덴은 국민을 위한 집이 되었지. 사회민주당의 당수 한손Per Albin Hansson은 의회 연설에서 다음과 같이 주장했어.

"이제 우리는 시민 사회를 특권 계층과 소외 계층, 지배 계층과 피지배 계층, 부자와 빈자, 지주와 빈농, 수탈자와 피수탈자로 갈라놓은 장벽을 깨고 사회 구성원 모두가 서로를 배려하는 좋은 국민의 집을 건설해야 한다."

복지에 대한 국민의 만족이 사회민주당의 장기 집권을 가능하게 했던 거야. 복지의 확대가 경제 성장으로 이어지고, 경제 성장이 다시 복지의 확대로 이어졌지. 바로 복지의 선순환이야. 그래서 스웨덴 사람들은 사회 보장의 확대가 경제 성장의 전제 조건이라고 생각하지. 그런 생각이 아주 확고해. 그와 같은 국민적 공감대가 있기 때문에 사회 보장의 지속적인 확대가 가능했던 거야.

스웨덴의 복지 정책과 경제 정책은 1932년 사회민주당의 선거 승리와 1936년에 체결된 노조와 경영자협회 사이의 역사적 협정 이후 안정적으로 발전해 왔지. 역사적 협정은 바로 '살트쉐바드 협정'이야. 협약 체결 이후 수립된 경제 정책의 초점은 노조가 임금 인상 요구를 완화하는 대신에 사업주가 적절한 노동 복지와 적극적인 투자를 제공하도록 하는 데 있었지.

· 복지 선진국은 자원 부국?

복지 선진국은 자원 부국이라서 수출에 의존하는 우리랑은 상황이 완전히 다르다는 주장도 있어. 복지 선진국의 대표 격인 노르웨이나 네덜란드 같은 나라는 자원 부국이 맞아. 노르웨이는 많은 양의 석유 매장량을 자랑하니까. 노르웨이의 석유 매장량은 56억 배럴로 세계 23위에 해당하지. 그러나 모든 복지 선진국이 자원 부국인 건 결코 아니야.

우리는 여기서 또 하나의 사실을 짚고 넘어갈 필요가 있지. 자원이 많다고 경제가 발전하고 선진국이 될까? 그렇지 않은 예는 너무나도 많아. 자원은 풍부하지만 지지리도 못사는 나라가 있는가 하면, 자원은 부족하지만 잘사는 나라도 있지. 가령 이란은 전 세계에서 4위의 석유 매장량을 자랑하지. 천연가스는 세계 2위의 매장량을 자랑하고. 이라크는 석유 5위, 리비아는 9위, 나이지리아는 10위야. 이들 나라는 선진국이 아니잖아. 풍부한 자원은 경제 성장에 걸림돌로 작용할 수도 있어. 이른바 '자원의 저주'야. 자원이 풍부할수록 경제적 불평등이 커지며 경기가 침체되는 현상을 말하지. 20개 선진국 가운데 12개 나라가 자원 빈국이야. 일본이나 싱가포르가 대표적이지. 우리나라도 마찬가지고.

복지 선진국의 또 다른 대표 격인 덴마크와 스웨덴 역시 자원 부국이 아니야. 덴마크는 흔히 낙농 강국으로 이야기되잖아. 그렇다고 공업이 발달하지 않은 건 아니야. 정밀 공업도 상당히 발달한 편이지. 스웨덴은 덴마크보다 더 주목할 필요가 있어. 왜냐하면 자원도 부족하고 환경도 열악하지만 복지 강국이 됐을 뿐만 아니라, 수출 주도의 경제라는 점에서 우리와 비슷한 측면이 많기 때문이야.

스웨덴은 생존을 위해 자연과 혹독한 투쟁을 벌이던 가난한 농업 국가였어. 마치 저주받은 대지처럼 1년 중 8개월 이상 얼어붙는 땅이 국토의 3분의 2를 차지하지. 스웨덴은 차디찬 동토凍土의 나라야. 겨울이 유난히 길고 추워서 자연히 농사철은 매우 짧은 편이지.

주린 배를 채우려고 19세기에서 20세기에 걸쳐 인구의 4분의 1이 북아메리카로 옮겨 가기도 했지. 1860년대부터 1930년대까지 약 150만 명이 이동했어. 1900년대 초반 인구가 450만 명이었지. 그렇게 못살던 나라가 50년도 안 돼서 세계에서 가장 잘사는 나라로 우뚝 섰어. 강력한 복지와 노사의 화합, 그리고 시민들의 협력이 이뤄 낸 기적이야.

스웨덴뿐만 아니라 북유럽 국가들 모두가 추운 나라들이야. 그래서 예전부터 사람이 살기에는 적합하지 않은 곳들이었지. 역사적으로도 유럽에서 가장 낙후된 지역이었고, 서유럽에 비해 발전이 아주 더뎠어. 바이킹이 바로 덴마크의 선조들이야. 이들이 배를 타고 멀리 약탈을 다녔던 것도 땅이 워낙 척박하다 보니 농사를 제대로 짓기 힘들었기 때문이야. 국토의 대부분이 삼림과 호수로 이루어져 있어 오랫동안 교통도 발달하지 못했지.

스웨덴은 우리나라와 마찬가지로 수출 의존도가 매우 높은 나라야. 국내 총생산의 50%를 수출에 의존하고 있지. 우리나라의 수출 의존도는 대략 40% 수준이야. 수출을 주도하고 있는 기업들이 대기업이라는 점도 우리와 비슷하지. 인구는 천만 명 정도지만 쟁쟁한 기업들이 꽤 많아. 전자 통신 회사 에릭슨, 전기 가전 회사인 일렉트로룩스, 패션 브랜드 H&M, 그리고 이케아 등이 세계적으로 알려진 기업들이야. 이케아는 우리에게도 익숙한 가구 회사지. 2015년에는 한국에도 매장을 열었어.

자원도 없고 가난했던 나라, 그렇지만 대기업을 잘 키워 부유해진 나라. 그리고 일찍부터 복지의 기틀을 다지고, 그 기틀 위에 경제를 더욱 성장시킨 나라, 바로 스웨덴의 모습이야. 스웨덴은 우리가 모범으로 삼기에 더없이 좋은 모델이지. 물론 스웨덴의 인구는 우리보다 훨씬 적고, 문화나 사고방식도 다르기 때문에 스웨덴 방식을 고스란히 도입하긴 어렵겠지만 말이야.

· 복지국가가 위기라고?

2010년에 유럽의 포르투갈, 아일랜드, 스페인, 그리스 네 나라가 신용 부도를 맞아 구제금융을 받았어. 이를 근거로 과잉 복지 때문에 재정 위기를 맞았다는 주장이 제기되기도 했지. 정말 그럴까? 이들 나라는 유럽에서 복지 수준이 가장 뒤떨어진 나라들이야. 유럽은 위도가 높을수록 복지가 발달된 편이지. 덴마크, 스웨덴, 핀란드, 노르웨이 등 북유럽 국가들의 복지가 가장 앞서 있어. 다음으로 독일, 프랑스, 벨기에, 네덜란드 등 중부유럽이 그 뒤를 잇고 있지. 포르투갈, 아일랜드, 그리스, 스페인은 유럽에서 복지가 약한 나라들이야.

더 구체적으로 얘기해 볼까. 2007년 기준으로 GDP 대비 사회 지출 비율을 따져볼 수 있지. 사회 지출 비율은 쉽게 말해 복지에 지출하는 비용이라고 생각하면 돼. 프랑스가 28.4%로 가장 높았고, 스웨덴이 27.3%, 벨기에가 26.3%, 덴마크가 26.0%였지. 그렇다면 남부 유럽 국가들은 어땠을까? 그리스는 21.3%, 스페인은 21.6%, 포르투갈은 22.5% 수준이었어. 아일랜드는 16.3%였지. 복지 선진국들과 비교해서 적게는 5%에서 크게는 10% 이상까지 차이가 났어. 이들 국가들은 북유럽과 중부유럽 국가에 비해 보육, 교육, 의료, 간병, 요양, 노후 등의 보편적 사회 복지 서비스가 뒤떨어지지. 출산에서 노후까지 국가가 책임지지 않고 가족이나 친척의 손에 맡겨서 복지의 공백을 메우고 있어.

복지는 사회 안전망이야. 사회의 취약 계층에게 최소한의 보호 장치를 제공하는 거지. 산업화 이전에는 대가족이나 지역 사회가 그러한 역할을 담당했어. 그러다 가족의 결속력이 약화되면서 자연스럽게 사회 복지 체제가 자리 잡았던 거야. 그러나 남부유럽의 국가들에서는 여전히 가족의 역할이 큰 편이지. 한국의 상황도 마찬가지야. 복지 선진국과 복지 후진국을 가르는 중요한 기준은 출산이나 노후 등을 개인에게 떠넘기느냐, 사회가 공동으로 책임지느냐에 있지.

이래도 유럽을 휩쓴 재정 위기가 과잉 복지 때문이라고 말할 수 있을까? 복지 위기설은 사실과 다른 얘기야. 세계 금융 위기 속에서 남부유럽 나라들이 고전 중이었을 때 덴마크, 스웨덴 등의 북유럽 국가들은 끄떡없었어.

18

정치는
우리 삶의 질을 높이지
못할 거라는 **생각**

나의 삶과 정치의 관계

한국인은 더 나은 삶을 위해 어느 나라 국민보다 열심히 일하지. 그런데 삶은 나아지기는커녕 늘 팍팍하기만 해. 끝없는 경쟁이 주는 압박감과 낙오될지 모른다는 두려움이 우리를 옥죄는 탓이야. 전 세계가 무한 경쟁의 파고를 넘고 있긴 하지만, 우리처럼 강도 높게 경쟁하는 사회는 없을 거야. 여러 지표가 이를 보여 주고 있어. 너희의 삶 역시 만만치 않지. 학교는 사회의 축소판이니까. 살인적인 학습 시간과 친구를 적으로 만드는 성적 경쟁은 사회랑 별반 다르지 않을 거야.

도대체 이 지옥 같은 풍경에서 어떻게 벗어날 수 있을까? 복지는 더 나은 삶으로 가는 징검다리야. 복지가 유일한, 그리고 완전한 해결책은 아닐 거야. 당연히 더 나은 삶을 살려면 문화, 가치관, 교육 제도, 언론 환경 등 많은 것이 변해야 하겠지만, 당장 시민들이 뜻을 합쳐 바꿀 수 있는 게 바로 복지야. 그럼에도 우리에게 절실히 필요한 복지는 왜 실현되지 않을까? 앞에서 살펴본 오해와 편견들이 적극적인 복지 정책을 가로막고 있기 때문이지. 그런데 복지 정책을 원하고 지지하는 사람들도 분명 있잖아. 그들의 목소리는 왜 반영되지 않을까? 이 질문은 결국 정치의 문제로 연결되지.

"우린 그 사람 몰라요. 뉴타운 유치해서 집값 올려줄 것 같아 찍은 거지요." 2008년 국회의원 선거 직후 텔레비전 뉴스에 나온 인터뷰 내용이야. 왜 해당 국회의원을 찍었냐는 질문에 대한 답변이었지. 당시 선거에서 뉴타운 열풍은 뜨거운 감자였어. 여야를 가리지 않고 뉴타운 사업을 성사시키겠다고 난리였지.

뉴타운 사업이 뭐냐고? 쉽게 말해 도시 재개발 사업이야. 낙후된 지역의 오래된 주택과 상가를 허물고 새로 건물을 짓고 마을을 세우는 거지. 왜 사람들이 뉴타운에 열광했을까? 헌 집 주고 새집 받으려고? 뉴타운은 단순히 아파트를 새로 짓는 문제가 아니야. 뉴타운 사업이 시작된 곳들은 하나같이 부동산 가격이 급등했어. 그러니까 주택이나 상가를 가진 소유자들은 부동산 폭등으로 엄청난 이득을 보았지. 2008년은 부동산 열기가 정점을 찍을 때였어. 대출을 받아서라도 집을 사기 바빴지.

그런데 뉴타운이 좋기만 한 건 아니야. 자기 집이나 상가를 소유한 사람에게는 좋겠지만, 세입자 입장에서는 결코 좋을 수가 없지. 살던 곳을 다른 데로 옮기거나 하던 장사를 그만둬야 하니까. 원주민 정착률이라는 게 있어. 도시 정비 사업 이후 원래 살던 주민들이 계속 정착해서 살아가는 비율을 뜻하지. 지역에 따라서 편차가 있긴 하지만, 대략 10~30% 수준에 불과해. 그렇다면 나머지 사람들은 어떻게 됐을까? 다 어딘가로 쫓겨난 거지. 그러니까 뉴타운 열풍은 가진 자들의 잔치일 뿐이야.

특히 2008년 총선은 뉴타운으로 뜨거웠어. 국회의원 후보자마다 당선만 되면 자기 동네를 뉴타운으로 지정하겠다고 허위 공약을 쏟아 냈지. 그리고 많은 유권자가 표로 화답해 줬어. 하나같이 자기 배만 채우면 된다는 생각이었지. 어느 때보다 먹고사는 문제가 지배했던 선거였어. 지역 개발과 발전을 내세우는 국회의원이 당선되면 정말 지역 경제가 눈부시게 좋아질까? 살림살이는 윤택해질까? 아주 조금 달라질 순 있겠지만, 일반 서민들의 삶이 크게 달라지진 않지. 그런데도 사람들은 그런 정치인들의 유혹에 쉽게 넘어가곤 해.

· **부자의 계급 투표와 빈자의 계급 배반 투표**

부유층은 건강보험이나 국민연금 등 복지 제도를 강화하려면 세금을 더 많이 걷어야 하고, 이는 자신들이 낸 세금을 서민들에게 퍼 주는 꼴이라고 생각하지. 그래서 세금을 더 거두려는 정당을 싫어해. 이것이 바로 부유층이 가진 계급의식이야. 부유층은 철저히 자기 계급의식에 따라 투표하지. 가령 2012년에 실시된 19대 국회의원 선거에서 '타워 팰리스'가 있는 강남갑 도곡2동 제4투표소의 경우, 증세增稅에 유보적인 당시 새누리당(지금은 자유한국당) 후보가 88.5%의 표를 얻은 반면에 상대적으로 증세에 적극적인 민주당 후보는 10%만을 득표했어. 여기까지는 먹고 살 만한 사람들, 즉 부유층에 해당되는 얘기니까 그렇다 치자고. 문제는 서민들의 투표 의식이야.

우리에게 필요한 것은 연대의식이야. 모든 시민이 인간다운 삶을 살아야 한다는 생각으로 사회적 약자를 배려하고 보편적 복지를 추구해야 하지. 자기 지역을 개발해서 혼자만 잘 먹고 잘살겠다는 생각을 버려야 해. 그런 생각은 무한 경쟁의 지옥은 내버려 둔 채 자기 혼자만 잘 살아 보겠다는 이기심에서 나오지. 그러나 이전과 같은 경제 성장이나 부동산 상승은 점점 기대하기 어려워지고 있어. 선진국에 가까워질수록 성장률은 둔화되기 마련이고, 저출산 탓에 부동산 수요 역시 장기적으로 줄어들 전망이지.

복지가 연대의식에 뿌리박고 있듯이, 국회의원 선거 등에서도 연대의식을 발휘해야 해. 자기 지역 경제를 살리겠다고 외치는 정치인이 아니라 국가 전체를 생각하며 복지를 주도할 인재들을 밀어줄 필요가 있지. 분명 이런 생각을 가진 시민들이 우리 사회에 적지 않게 존재하지. 하지만 실제로 우리 삶은 달라지지 않아. 그런 생각들을 구체적인 정책으로 실현할 정치인들이 별로 없기 때문이야. 그런 정치인들은 다 어디로 갔을까? 우리가 그런 정치인들을 믿고 뽑아 주지 않으니까 정치 현장에서 이슬처럼 사라져 버렸지. 특히 복지가 더 절실한 계층까지 그런 정치인들을 외면하는 현실이야.

우선, 사람들이 갈수록 투표를 멀리하고 있어. 특히, 가난할수록 더 그렇지. 손낙구의 『대한민국 정치사회 지도』에 따르면, 저학력자, 무주택자, 지하 셋방 거주자가 많은 지역일수록 투표율이 낮은 반면에 고학력자, 자가自家 소유자가 많은 지역일수록 투표율이 높지. 먹고살기 어려울수록 정치에 관심을 가질 여유가 없는 거야. 2012년 19대 총선 때 한국갤럽이 실시한 설문 조사에 따르면, 투표일에 일한 응답자는 32%에 달했지. 투표일은 법정 공휴일이지만, 비정규직이나 건설 노동자들에게는 그림의 떡일 뿐이야. 가난한 이들일수록 시간을 내서 투표하는 게 쉽지 않은 거야. 그래서 일부 시민단체 등에서는 투표시간을 현행 저녁 6시에서 8시까지 연장하도록 요구하고 있는데, 투표율이 높아지면 자신들에게 불리하다고 판단하는 어느 정당에서 막고 있지.(선거는 민주주의의 꽃이라는데, 투표율이 낮아지길 바라는 정당이라니. 이게 한국 정치, 한국 민주주의의 현주소야.)

다음으로, 투표의 필요성을 못 느끼는 정치 불신이 팽배해 있지. 투표해도 아무것도 달라지지 않는다고 생각하는 거야. 가난한 사람들일수록 투표를 통해 자신의 형편과 처지가 나아지기를 기대하는 마음이 크지. 그런데 정권이 바뀌어도 특별히 달라지지 않는 좌절을 거듭 경험하게 되면 정치에 대한 불신이 커지게 되지.

2012년에 〈한겨레〉가 실시한 여론조사에 따르면, "시민이 참여하면 세상이 좋아진다"고 생각하는 하층은 37.6%로 상층(54.7%), 중층(47.8%)에 비해 낮았지. 가난한 이들일수록 정치 불신이 그만큼 팽배한 거야.

투표장을 아예 멀리하는 사람들은 그렇다 치고, 투표를 하는 사람들은 어떨까? 먼저 서민층의 계급의식을 지적할 수 있을 거야. 앞에서 부유층이 철저히 자기 계급의식에 따라 투표한다는 사실을 지적했지. 그런데 상대적으로 세금을 덜 내는 노동자들이나 서민들까지 세금은 무조건 적을수록 좋다고 생각해. 그래서 불평등한 부의 분배로 기우뚱한 사회를 제자리로 돌려놓기 위해, (부유층에게서) 더 많은 세금을 거두려 해도 적극적으로 지지하지 않아. 더 놀라운 것은 서민층이 부유층을 대변하는 투표 성향을 보이기도 한다는 점이야. 이를 흔히 '계급 배반 투표'라고 하지. 빈곤층이나 노인층이 대기업이나 부유층의 이해利害를 대변하는 정당을 지지하거나, 중산층 역시 경제 성장이나 재개발을 통한 부동산 가격 상승을 기대하면서 개인주의적 성공 전략을 추구하는 식이야.

· 정치가 삶을 바꾼다

정치가 왜 중요할까? 우리는 국가 안에서 살아가지. 국가의 울타리 안에서 살아간다는 것은 일정한 법률과 제도의 영향 속에서 살아간다는 뜻이야. 그 법률과 제도를 만드는 게 정치의 역할이지. 가령 밤 12시부터 오전 6시까지 청소년들의 인터넷 게임을 제한하는 셧다운제를 만든 게 정치야. 청소년보호법이라는 법률이 이 제도의 근간이지. 급식비를 개인이 부담할지 국가가 부담할지를 결정하는 것도 정치의 역할이지. 정치는 교육 및 입시와 관련한 제도들을 결정하기도 해. 무상 급식, 0교시 수업 금지, 학생인권조례, 입시제도 변경, 대학 정원 감축, 이 모든 것들이 정치에 의해 결정되지.

정말 정치가 이 모든 걸 다 하냐고? 맞아, 정치란 삶의 거의 모든 문제를 다루니까. 너희가 삶의 굽이굽이에서 만나게 되는 법률과 제도를 사회적으로 논의하고 결정하는 게 정치의 역할이야. 시민이 뽑은 교육

감과 국회의원과 대통령은 시민의 의견을 수렴해 입법과 행정을 책임지지. 학교에서 너희들이 학생회장을 직접 뽑고 학생 자치를 경험하는 것도 민주 시민으로서 정치를 연습하기 위해서야. 정치 관련 보도가 뉴스 첫머리에 등장하는 이유도 정치가 우리 삶에 직접적인 영향을 끼치기 때문이지. 이렇게 중요한 정치가 민의民意를 온전히 담아내지 못한다면, 그 나라 국민은 행복할 수 없겠지.

플라톤은 "스스로 통치하려는 마음을 갖지 않는 경우에, 그에 대한 최대의 벌은 자기보다 못한 사람한테 통치를 당하는 것"이라고 말했어. 여기서 '통치하려는 마음'은 곧 '정치 참여'로 이해할 수 있을 거야. 즉, 정치를 외면하고 정치에 무관심한 대가는 저급한 인간의 지배를 받게 되는 것이라는 뜻이지. 저급한 통치자는 저급한 정치를 펼칠 것이고, 저급한 정치는 우리 삶까지 저급하게 만들어 버리게 될 거야.

돈이 있든 없든, 능력이 출중하든 부족하든 인간의 권리를 누리고 싶다면, 좋은 사회에서 살기를 바란다면 우리 모두가 정치에 관심을 가져야만 해. 저급한 인간을 통치자로 세우는 것도, 훌륭한 리더십을 갖춘 인물을 통치자로 세우는 것도 우리의 정치의식이 결정하기 때문이지. 정치에 대한 무관심은 함량 미달의 정치를 낳고, 함량 미달의 정치는 다시 정치 불신과 무관심을 확대하지. 정치 불신이 사회 전반에 퍼지면 그 사회는 회복될 가능성을 영영 잃어버리고 말 거야.

대한민국 헌법 1조 1항은 선언하고 있어. "대한민국은 민주공화국이다." 여기서 공화국republic이란 '시민의(공적인) 것'을 뜻하지. 공화국의 주인은 대통령도, 국회의원도, 부자도, 권력자도 아닌 모든 시민이야. 따라서 민주공화국이란 시민의, 시민에 의한, 시민을 위한 나라야. 하지만 지금 우리가 사는 현실을 시민을 위한 나라라고 할 수 있을까?

그 밥에 그 나물이라는 정치 불신을 깨려면 유권자 스스로 자신이 먹을 밥과 나물을 선택해야 해. 어려운 일이 아니야. 지역 개발 논리와 지역주의에서 벗어나 오롯이 인물과 정책을 보고 투표하면 되지. 당장 나에게 이익을 줄 사람이 누구인가를 따지기보다 살 만한 세상을 만들 수 있는 사람이 누구인가를 따지는 것이 결과적으로 내 삶의 질도 높여 줄 수 있어.

덧붙이자면, 집권 세력이 바뀐다고 해서 모든 문제가 해결되는 건 아니야. 우리 스스로가 좋은 시민이 되는 것이 무엇보다 중요해. 그러할 때 올바른 정치의식을 가질 수 있고, 작은 데서부터 변화를 일으킬 수 있어. 친구는 없고 경쟁자만 존재하는 학교, 이웃은 없고 적들만 넘쳐나는 사회……. 우리는 어쩌다 이런 사회에 살게 되었을까? 공존 대신 경쟁이, 분배 대신 성장이, 공감 대신 탐욕이, 연대 대신 냉대가, 관용 대신 차별이, 성찰 대신 무지가 우리 삶을 지배한 결과가 아닐까? 정치에 대한 관심과 더불어, 경쟁과 탐욕과 무지가 지배하는 우리 일상을 근본적으로 돌아보아야 해. 행복한 공동체는 누군가가 우리에게 제공하는 것이 아니라 우리 스스로 만들어 가는 거야. 행복한 사회는 결코 공짜로 주어지지 않아.

OECD, 「Society at a Glance 2014」

가 알페로비츠, 루 데일리 공저, 『독식 비판』, 민음사

강수돌, 『노동을 보는 눈』, 개마고원

강수돌, 『잘 산다는 것』, 너머학교

강신준, 『오늘 『자본』을 읽다』, 길

경제·인문사회연구회, 『우리 사회는 공정한가』, 한국경제신문

고미숙, 『돈의 달인, 호모 코뮤니타스』, 북드라망

고병권, 『화폐, 마법의 사중주』, 그린비

공선옥, 『마흔에 길을 나서다』, 월간말

국회 경제분석실, 「고령화가 근속 및 연공임금체계에 미치는 영향과 시사점」

김기섭, 『깨어나라! 협동조합』, 들녘

김상봉, 『기업은 누구의 것인가』, 꾸리에

김연명 외, 『대한민국 복지』, 두리미디어

김윤태, 서재욱 공저, 『빈곤』, 한울아카데미

김찬호, 『돈의 인문학』, 문학과지성사

김현대 외, 『협동조합, 참 좋다』, 푸른지식

대런 애쓰모글루, 제임스 A. 로빈슨 공저, 『국가는 왜 실패하는가』, 시공사

댄 애리얼리, 『상식 밖의 경제학』, 청림출판

던컨 J. 와츠, 『상식의 배반』, 생각연구소

데이비드 C. 코튼, 『경제가 성장하면 우리는 정말로 행복해질까』, 사이

데이비드 워시, 『지식경제학 미스터리』, 김영사

마르셀 모스, 『증여론』, 한길사

마이클 페럴먼, 『무엇이 우리를 무능하게 만드는가』, 어바웃어북

마인하르트 미겔, 『성장의 광기』, 뜨인돌

말콤 글래드웰, 『아웃라이어』, 김영사

무함마드 유누스, 알란 졸리스 공저, 『가난한 사람들을 위한 은행가』, 세상사람들의책

문강형준, 「노동사회 비판과 문화사회의 이론적 지도」

밀턴 프리드먼, 『화폐경제학』, 한국경제신문

박현희, 『돈이 많으면 행복할까?』, 웅진주니어

박홍순, 『마르크스, 서울에 오다』, 탐

백욱인, 『정보자본주의』, 커뮤니케이션북스

산업 연구원, 「한국경제의 가계 ·기업 간 소득 성장 불균형 문제 : 현상, 원인, 함의」

삼성경제연구소, 「21세기 한국 기업 10년 : 2000년 vs. 2010년」

새로운 사회를 여는 연구원, 『분노의 숫자』, 동녘

서재만, 「자영업자 현황 및 정책 방향」

손낙구, 『대한민국 정치 사회 지도』, 후마니타스

신명호, 『빈곤을 보는 눈』, 개마고원

신명호, 『왜 잘사는 집 아이들이 공부를 더 잘하나?』, 한울아카데미

신장섭 외, 『주식회사 한국의 구조조정 무엇이 문제인가』, 창비

신정완, 『복지국가의 철학』, 인간과 복지

신필균, 『복지국가 스웨덴』, 후마니타스

애덤 스미스, 『국부론』, 비봉출판사

애덤 스미스, 『페이퍼 머니』, W미디어

애덤 스위프트, 『정치의 생각』, 개마고원

에른슈트 슈마허, 『작은 것이 아름답다』, 문예출판사

에릭 바인하커, 『부의 기원』, 랜덤하우스코리아

예영, 『지구촌 곳곳에 너의 손길이 필요해』, 뜨인돌어린이

옌뉘 안데르손, 『경제성장과 사회보장 사이에서』, 책세상

요차이 벤클러, 『펭귄과 리바이어던』, 반비

원용찬, 『칼 폴라니, 햄릿을 읽다』, 당대

유시민, 『대한민국 개조론』, 돌베개

유시민, 『유시민의 경제학 카페』, 돌베개

은수미, 『날아라 노동』, 부키

이기석, 『한 뼘 더 살기 좋은 대한민국 만들기』, 바움

이득재, 『17세가 읽는 행복한 경제학』, 들녘

이반 일리치, 『그림자 노동』, 미토

이반 일리치, 『행복은 자전거를 타고 온다』, 미토

이상이, 『복지국가가 내게 좋은 19가지』, 메디치미디어

이원석, 『공부란 무엇인가』, 책담

이원재, 『이상한 나라의 경제학』, 어크로스

이정우, 『불평등의 경제학』, 후마니타스

이정우, 『약자를 위한 경제학』, 개마고원

이진경, 『뻔뻔한 시대, 한 줌의 정치』, 문학동네

이창곤, 『어떤 복지국가에서 살고 싶은가?』, 밈

장 자크 루소, 『인간 불평등 기원론』, 책세상

장하준, 『그들이 말하지 않는 23가지』, 부키

장하준, 『나쁜 사마리아인들』, 부키

장하준, 『사다리 걷어차기』, 부키

장하준 외, 『무엇을 선택할 것인가』, 부키

전국지리교사연합회, 『살아있는 지리 교과서』, 휴머니스트

정원오, 『복지국가』, 책세상

정인철, 『빅 소사이어티』, 이학사

정태석, 『행복의 사회학』, 책읽는수요일

정태인, 『착한 것이 살아남는 경제의 숨겨진 법칙』, 상상너머

조지 레이코프, 『코끼리는 생각하지 마』, 와이즈베리

조지 애커로프, 로버트 쉴러 공저, 『야성적 충동』, 랜덤하우스코리아

조지프 스티글리츠 외, 『GDP는 틀렸다』, 동녘

조지프 스티글리츠 외, 『경제민주화를 말하다』, 위너스북

조형근 외, 『사회를 구하는 경제학』, 반비

존 롤즈, 『정의론』, 이학사

존 쿳시, 『어느 운 나쁜 해의 일기』, 민음사

최현석, 『인간의 모든 동기』, 서해문집

칼 폴라니, 『거대한 전환』, 길

칼 폴라니, 『전 세계적 자본주의인가 지역적 계획경제인가』, 책세상

캐롤라인 알렉산더, 『인듀어런스』, 뜨인돌

캐서린 깁슨 외, 『타자를 위한 경제는 있다』, 동녘

탁석산, 『행복 스트레스』, 창비

통계청, 「전국 출산력 및 가족 보건 복지 실태 조사」

팀 하포드, 『당신이 경제학자라면』, 웅진지식하우스

폴 크루그먼, 『미래를 말하다』, 현대경제연구원books

프리드리히 엥겔스, 『영국 노동계급의 상황』, 라티오

하원 국제관계위원회 국제기구소위원회, 『프레이저 보고서』, 레드북

하종강, 『그래도 희망은 노동운동』, 후마니타스

한국노동교육원, 「선진 5개국 학교노동교육 실태 : 미국 ·영국 ·독일 ·프랑스 ·일본」

한스-크리스토프 리스, 『청소년을 위한 1010 경제학』, 탐

홍기빈, 『비그포르스, 복지국가와 잠정적 유토피아』, 책세상

홍기빈, 『아리스토텔레스, 경제를 말하다』, 책세상

홍세화, 『쎄느강은 좌우를 나누고 한강은 남북을 가른다』, 한겨레출판

홍세화, 『악역을 맡은 자의 슬픔』, 한겨레출판

이상한 나라의 이상한 생각들

우리 사회를 지배하는 18가지 통념

2015년 11월 30일 처음 찍음 | 2019년 10월 25일 세 번 찍음

지은이 오승현
펴낸곳 도서출판 낮은산 | 펴낸이 정광호 | 편집 강설애 | 디자인 박대성 | 제작 정호영
출판 등록 2000년 7월 19일 제10-2015호
주소 04048 서울 마포구 어울마당로5길 16 반석빌딩 3층
전화 02-335-7365(편집), 02-335-7362(영업) | 팩스 02-335-7380
홈페이지 www. littlemt.com | 이메일 littlemt2001ch@gmail.com
제판·인쇄·제본 상지사 P&B

ISBN 979-11-5525-051-8 43300

이 도서의 국립중앙도서관 출판예정도서목록(CIP)은 서지정보유통지원시스템 홈페이지(http://seoji.nl.go.kr)와
국가자료공동목록시스템(http://www.nl.go.kr/kolisnet)에서 이용하실 수 있습니다. (CIP제어번호 : CIP2015032136)